新零售革命

徐劲松 ◎ 编著

地震出版社

图书在版编目（CIP）数据

新零售革命 / 徐劲松编著 . — 北京：地震出版社，2020.9
ISBN 978-7-5028-5121-7

Ⅰ. ①新… Ⅱ. ①徐… Ⅲ. ①零售业－商业经营
Ⅳ. ① F713.32

中国版本图书馆 CIP 数据核字 (2019) 第 249662 号

地震版　XM4375/F(5840)

新零售革命

徐劲松　编著
责任编辑：范静泊
责任校对：凌　樱

出版发行：地震出版社
　　　　　北京市海淀区民族大学南路 9 号　　邮编：100081
　　　　　发行部：68423031　68467993　　传真：88421706
　　　　　门市部：68467991　　　　　　　　传真：68467991
　　　　　总编室：68462709　68423029　　传真：68455221
　　　　　市场图书事业部：68721982
　　　　　E-mail：seis@mailbox.rol.cn.net
　　　　　http://www.seismologicalpress.com
经销：全国各地新华书店
印刷：三河市九洲财鑫印刷有限公司

版（印）次：2020 年 9 月第一版　　2020 年 9 月第一次印刷
开本：700×1000　　1/16
字数：199 千字
印张：13.5
书号：ISBN 978-7-5028-5121-7
定价：42.00 元

版权所有　翻印必究

（图书出现印装问题，本社负责调换）

前言

近年来，在互联网的大环境下，零售行业唱衰，一场声势浩大的"关店潮"悄然来袭。

一方面，消费者的需求随着自我认知能力的提升而发生了深刻的变化，他们更加追求品质化生活，更加崇尚便利化消费，到店模式的零售已经不能满足当前消费者的需求。

另一方面，零售市场的多元化，加剧了线上电商与线下实体零售店的竞争，线下的多业态也在快速发展，业态之间的竞争也在逐渐加剧，线上与线下的流量资源，即消费者已然成为稀缺资源。在这样的零售市场环境下，如果零售商依然用以商品为中心、以自我为中心的零售理念开展营销活动，则完全不能适应当前零售市场竞争的需要。

然而任何事情，坏到极点的时候，必然会迎来峰回路转的机会。

自从马云提出"新零售"概念以来，新零售逐步成为一个全新的风口，引来无数资本竞逐。当国内第一家24小时无人便利店缤果盒子、无人超市"淘咖啡"、京东的百万便利店计划、永辉超市的超级物种等全新零售业态走进人们的生活,大家才惊叹"新零售真的来了"。

"新零售"的概念虽新,但并非一个新行业。它是新技术与传统零售的一次碰撞和嫁接。无论进行何种创新,零售的本质永远不会发生改变,即销售产品和服务,一切相关的创新和营销都建立在这一本质之上。

新零售时代,线上线下的融合、效率的提升、产品覆盖面积的扩大是营销的核心。然而,如果在开展营销活动的过程中,还没有摸清更加适合自身发展的盈利模式,就不如将更多的功夫放在回归本质上,抓住零售业的关键,即以提升消费者体验为原则。零售企业需要以消费者为中心,精准研究消费者,提升产品和服务品质,增强消费者黏性。事实上,只有真正为消费者提供更好的产品,真诚关注消费者的期待与需求,真正解决消费者体验的痛点,这些才是新零售时代零售企业的制胜之本。传统零售企业只有建立在解决用户核心需求上的创新与重构,才不会被市场所淘汰,这也正是零售企业迈向新零售的必经之路。

在新零售业态中,线上电商与线下实体零售商这对"冤家"已经不再是一种水火不相容的关系,而是打破传统"线上电商,线下实体"的藩篱,彼此之间实现相互融合、相互协同、互利共赢。只有建立在这些基础之上,传统零售商才能实现向新零售的华丽转身。

本书从传统零售向新零售转型的过程中进行的多维度重构入手,内容包括经营理念的重构、企业信息技术的重构、商品管理体系的重构、营销体系的重构、商业模式的重构。分别详细讲述各个环节的重构方法和策略,为传统零售企业走向新零售指出了方向。同时,还对当前零售业"大咖"们如何成为新零售"黑马"的方法论进行深入剖析和揭秘。内容丰富,文字通俗易懂,具有很强的实用性和可操作性。

如果过去你错过了很多新机遇,那么在新零售革命来临之际,一定要迈开步子,走出新路子,拓宽视野,抓住新零售的契机,创造出更加辉煌的业绩。

01 零售变革前夜：看懂形势才能抓住机遇

实体店唱衰，零售业面临尴尬期 / 002
零售业，线上线下"相杀"变"相爱" / 010
"双11"新零售元年来临，中国零售业走向世界 / 015

02 转型就要思变：新零售店铺的四大变革

定位之变：从"产品为主导"到"消费者为主导" / 022
心态之变：从"等客"到"寻客" / 029
关系之变：重构与消费者之间的关系 / 034
营销之变：消费者与零售商的买卖"选择"关系 / 037
经营之变：从"守旧"到"创新" / 040

03 重构经营理念：新零售思维决定消费潮流变革

消费者主权思维：以满足消费者舒适感为中心 / 048
融合思维：线上线下共同推进 / 054
跨界思维：跨界混搭掀起新零售红利浪潮 / 060
尖叫思维：打造极致产品营销策略，让消费者尖叫 / 066
情感营销：回归感性消费 / 074

04 重构企业信息技术：用新技术带来零售创新体验

移动互联网：变革的互联与交互，改变传统购物方式 / 080
智能化：引领无人服务时代 / 086
大数据技术：新零售的新生产力 / 098
VR技术：虚实结合掀起零售业新风口 / 109
3D技术：立体互动带来极致的消费体验 / 114

05 重构商品管理体系：新零售向品质化消费靠拢

产品属性：满足人们追逐品质生活的个性化需求 / 118
商品管理：提高运营效率 / 121
库存管理：降低库存积压损失 / 127

06 重构营销体系：抢占零售市场先机

全渠道营销：给消费者提供无缝购物体验 / 132
体验营销：体验经济时代，给用户带来多元化体验氛围 / 142

"粉丝"营销:"无粉丝"不营销 / 147

社群营销:传统零售转型新零售的最短路径 / 156

07 重构商业模式:传统零售在新零售时代实现凤凰涅槃的路径

O2O模式:实体零售O2O开创新零售格局 / 166

微商模式:从传统生意思维向消费投资思维、社交新零售思维转变 / 172

社区模式:社区新零售不只是交易,更是服务 / 178

08 揭秘方法论:新零售业"黑马"是如何炼成的

优衣库:多维度创新玩转新零售 / 186

良品铺子:打通全渠道,构建数字化门店 / 188

天虹百货:走在线下零售店前列,创新零售模式 / 193

迪卡侬:实现以实体店为基础、技术驱动的新零售模式 / 196

巴蒂米澜:一键预约体验量身定制 / 199

菜鸟网:探索新零售,打开物流新局面 / 204

XIN LING SHOU
GE MING

01

零售变革前夜：
看懂形势才能抓住机遇

新技术的出现给各行各业的发展带来了巨大的冲击，零售业也被推到了风口浪尖。当今市场上会出现许多与零售有关的新名词、新标签、新模式。毫无疑问，这些都使人们明确了一个认识：零售业正处在变革前夜。谁能看懂当前零售业形势，谁能够掌握全局，谁就能抓住未来零售业的新机遇。

实体店唱衰,零售业面临尴尬期

实体店作为一种历史悠久的零售业态,20世纪90年代就已经在中国进入高速发展阶段。但是在过去的30年里,实体店态经历了各种风雨冲刷之后,最初的风光似乎已经消逝,人气低迷、销售下滑、成本上升、利润缩减,这些已经成为传统零售业态的一大特征,其正在被新业态所取代。

再加上互联网的日益壮大和电商的搅局,使得新零售出现了短暂的辉煌,但是百货业态又回落到一种"动荡"的状态。社会消费品零售总额的增幅下滑,同时百货业的销售额也在以更快的速度下滑。毫无疑问,当前的零售实体店已经处于内外交困的窘境,正在遭遇一场前所未有的危机。因此,从业者都感到困惑和迷茫,思考之后得出这样一个结论:零售实体店唱衰,零售业面临尴尬期。

新一轮"关店潮"强势来袭

细心的人会发现,走在大街小巷,很多店铺里的顾客寥寥无几。事实上,近几年来,"关店潮"几乎在所有的传统商业渠道,包括百货商场、超市卖场、品牌专卖店等大范围蔓延,传统零售"关店潮"有增无减。新一轮"关店潮"强势来袭,席卷了整个零售业。

从百货购物中心的业态来看,在北京,继百盛、天虹、王府井等业内领先

01 零售变革前夜：看懂形势才能抓住机遇

百货公司关闭部分门店之后，万达百货也集中关闭了超过40家亏损门店。

在上海，地处上海繁华地段淮海路的太平洋百货淮海店也已经停止营业；位于南京西路，曾经有着"梅泰恒"之称的中信泰富也即将关门；上海昔日商圈中的"三街"（南京路、淮海路、四川路）、"四城"（徐家汇、新客站、豫园、陆家嘴），除了徐家汇、陆家嘴依然能够保持人声鼎沸，其余的都已经落寞萧条不堪。

可见，一线城市、二线城市成了百货、商超关店的"重灾区"。像北京、上海这样的大都市都频频出现"关店潮"，可见这场"关店潮"来势多么凶猛。事实上，这场"关店潮"波及范围甚广，不仅是全国性的，而且是全球性的。

据相关数据统计，美国传统实体零售商在过去4年时间里，已经裁员20多万人，零售巨头希尔斯百货、梅西百货也不时传来关店的消息。美国的实体零售商中，就有将近2100家门店关闭，9家零售店申请破产保护。

基于此，"零售寒冬""关店潮"等词汇不时抢占媒体头条，似乎这些词代表着零售业昔日的辉煌已经不再，这的确让零售业略显尴尬。

那么，出现"关店潮"的真正原因是什么呢？

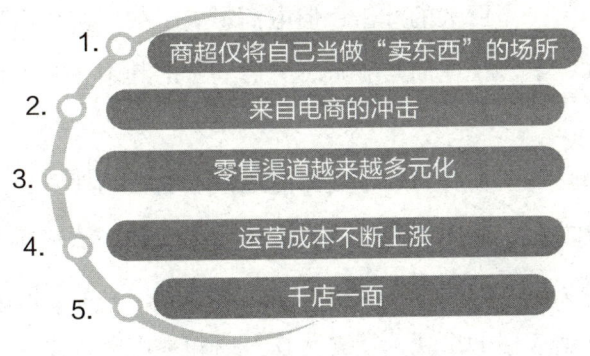

1. 商超仅将自己当做"卖东西"的场所
2. 来自电商的冲击
3. 零售渠道越来越多元化
4. 运营成本不断上涨
5. 千店一面

出现"关店潮"的五个原因

1. 商超仅将自己当作卖场

随着消费升级，消费者对实体店提出了更高的要求，他们不但希望实体店能够货品齐全，还希望能够拥有更加舒适的购物环境；不仅希望质量放心，还希望能够获得更加贴心的售中、售后服务；不仅希望能购买商品，还希望能看电影、尝美食、玩亲子游戏……重要的是不同的消费群体，在消费方面关注的领域更加细分。消费者需求越来越多，然而商超等实体店却远远不能迎合消费者的这些需求，甚至一部分企业在还"找不到北"的时候，就已经被消费市场悄然淘汰。

2. 来自电商的冲击

互联网、移动互联网的不断发展，让人们的生活方式变得更加便捷，这些翻天覆地的变化，却成就了越来越多的"懒人"，他们往往希望足不出户就能够买到自己喜欢的商品，希望能够得到更加贴心的上门服务。电商的崛起让传统实体零售业确有"四面楚歌"之意。

3. 零售渠道越来越多元化

电商的崛起，不只是对线下一些个体小商铺有影响，甚至对一些知名品牌也是如此，比如时尚类的七匹狼、九牧王、卡奴迪路、希努尔等，百货类的马来西亚百盛、英国玛莎百货、泰国尚泰百货、北京华堂等，超市类的沃尔玛、乐购、卜蜂莲花等店铺也纷纷关闭一些线下门店，传统实体店遭遇寒冬。虽然电商给实体商超带来了巨大的冲击，但电商影响了线下实体商超，导致其关店的观点并不全面，只能说电商是导致"关店潮"的其中一个因素，而并不是唯一因素。

各行各业都有一个发展周期，实体商业自然也不例外。一方面随着我国经济增长速度逐渐放缓，居民消费的速度也在同步变缓。消费增速的下降，给实体店的经营带来了很大的压力。另一方面，技术进步、消费升级以及移动互联网、电子支付等新应用的出现，使得购物习惯和零售模式出现了革命性变化。个性化、多样化消费成为主流和趋势，零售渠道变得更加多元化，这就使得一些实体店关闭成为一件难以避免的事情。

4.运营成本不断上涨

过去，零售企业即便运营成本增加，也可以通过提价的方式，将一部分成本转嫁到消费者身上。而如今，互联网的出现使得各种信息都变得透明化，商品价格也比以往更加透明，要想继续将这部分成本转嫁到消费者身上难上加难。

5.千店一面

很多商超在建设前并没有做合理的、个性化的设计和规划，使得店铺给人千店一面、高度雷同的感觉，这样就在一定程度上降低了消费者的购物体验，很难吸引更多的消费者产生消费行为。

无论何种原因，实体商超的"关店潮"是不可避免的。但也有不少人认为，这并不是一件坏事，对整个市场经济来讲，反而是件好事，是市场经济走向新生的一个节点。可以淘汰那些没有经营能力和实力的企业，让更加有创新运营模式和发展前景的企业为市场经济注入全新的血液，从而保证未来市场的发展能够充满活力。

纯电商一蹶不振，走上穷途末路

自从2004年淘宝兴起以来，电商的发展生机勃勃，那些敢于"第一个吃螃蟹"的电商先行者们，几乎都赚得盆满钵满，这是电商发展的黄金时代，也是电商从业者能够挖掘红利的最好时期。

电商的快速发展，在一定程度上对传统实体店铺的生存造成了极大威胁，但时至今日，电商行业也逃不过"倒闭潮"这一劫。

"绿盒子"主营童装品牌，可以算是零售业的"老牌军"，曾经在淘宝网上创下了连续3年销量第一的惊人业绩。后来，"绿盒子"以惊人的发展速度,在全国各地大量布局实体店(少数主营、多数加盟),门店总数一度达到上百家。但是最终还是难逃厄运,因遭供应商的集体逼债,公司不得不申请破产重组。如今,"绿盒子"在天猫、京东、当当等平台开设的电商店铺均已搜索不到。这些年,悟空单车、借卖网、订房宝、网易一元夺宝、微视、搜狐社区等一大批纯电商平台,也都不知所终。

回顾近几年的发展,电商的优势在逐渐消失,零售业已经不再局限于单纯线上互联网模式,而是进入了一种物联网的智能化时代。当下,电商行业已经不复当年之热,而那些能够笑到最后并成为行业巨头的企业,更屈指可数。

纯电商走上末路的原因其实非常值得深究,主要原因如下(见下图)。

纯电商走上末路的原因

1.运营策略本末倒置

在电商发展的大环境下,放眼望去,一些商家为了提升店铺在消费者心中的美誉度,采取人为造势的方式,想方设法为其平台的评级、评星宣传,却没有在打造产品质量上下功夫。这就是彻头彻尾的本末倒置。所以,电商平台上的恶性竞争,带来了严重的诚信危机。在这场零售市场的竞争中,整个电商环境日趋恶化,已经毫无明显竞争优势。

与此同时,电商平台每年的各种购物节也往往充满噱头,看似打折做了赔本买卖,当消费者回过神来,却发现自己上当或买到了劣质产品,便对电商失去了消费的信任和信心。对电商而言，这无异于"自杀"。

2.盲判销量，产能过剩

很多时候，商家没有办法预测流量和销量，所以就造成一种"盲判"现象，由此带来的结果是产能过剩，占用了大量库存，造成了严重的浪费。面对这样的情况，为了减轻库存压力，商家就不得不购买大量平台广告，通过广告来缓解库存压力，但所获的结果却不尽如人意。面对这种情况，商家就会在平台宣传方面加大资金投入，如此循环往复，结果越陷越深。

3.电商购物环境越来越差

电商购物环境越来越差，各种营销手段齐上阵，让消费者感觉自己像是进了"菜市场"，加上电商在无限制扩大体量的同时，监管不足，广告投入又大，一个接一个倒下便成为不可避免的事情。

传统百货陷入窘境，便利店喜迎春天

传统实体百货的"关店潮"强势来袭、纯电商行业中各大电商巨星陨落，零售业整体陷入困境，然而，此时便利店却高歌猛进，不但没有唱衰，反而规模不断稳步递增，销售额也大幅增长，远高于其他传统零售业态的增幅。

近几年，便利店在我国的发展势头正猛。目前从地域性发展来看，美宜佳、全家、7-11、罗森等少数便利店正在全面推进多地域布局，除此之外的其他大多数便利店也在以某中心城市或某省份为发展中心，实现区域化拓展。从便利店的整体分布来看，上海和广东的品牌便利店单门店数量已经超过5000家。

那么便利店究竟为何能够在商超和电商不景气的情况下逆势增长呢？

主要有以下方面因素（见下图）：

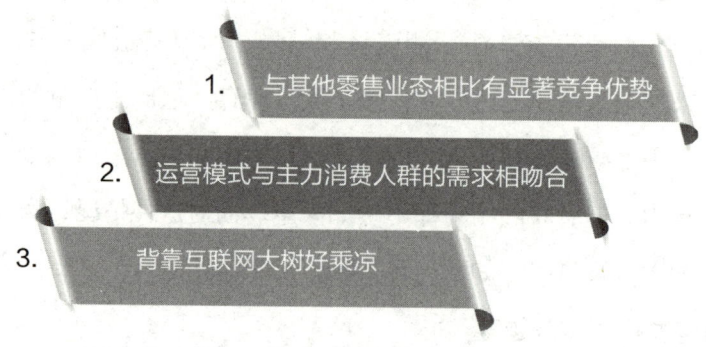

便利店能够逆势增长的原因

1.与其他零售业态相比有显著竞争优势

便利店最早诞生于美国，成功于日本，是大型商超发展相对成熟以后，从零售业中划分出来的一种新零售业态。便利店具有单体占地面积小、布局密度大、与用户距离近、高频消费等特点，相比其他零售业态，具有非常明显的竞争优势。

2.运营模式与主力消费人群的需求相吻合

现在市场中的消费主力军是"85后""90后""95后"，他们的消费观与"60后""70后"有很大的不同，他们对低性价比的消费更加重视，主张的是一种集便捷、快速、随性、碎片化于一体的消费方式，而便利店的运营模式则完全与这些消费主力军的需求相契合。

3.背靠互联网"大树"好乘凉

针对电商的强大冲击力，现在的便利店行业也开始拥抱互联网，在此基础上，冒出了很多便利店加盟品牌，如纷橙e购等。不难发现，许多规模扩大的便利店也大都是品牌加盟店，有很多个体便利店向加盟品牌店转型，在嫁接于"互联网+"的基础上，从原来的单纯线下模式，变为"线上+线下"的全新模式。便利店在背靠互联网这棵"大树"之后，较以往极大提升了市场竞争力。

总之,便利店模式如今正处在不断调整、升级、重组的阶段,随着市场发展的变化,会筛选出一种更加符合自身发展的运营模式,这种模式势必将互联网技术融于传统零售模式当中,势必迎来便利店发展的春天。

零售业,线上线下"相杀"变"相爱"

曾有两个轰动零售业的新闻:京东收购1号店、华润战略投资新美大,再加上之前京东投资永辉、阿里巴巴携手苏宁等,我们发现实体零售企业与线上巨头早已不再是以往相互厮杀的"死对头"关系,而是变成了"你中有我,我中有你"的"谈婚论嫁"了。

"互联网+"模式,突破零售业风口

自从国家提出"互联网+"的概念之后,全国上下无不谈论"互联网+",尤其是那些传统企业更是忙于探讨如何用互联网实现创新和再造。于是,越来越多的传统企业开始拥抱互联网,走上了全新的"互联网+"模式,使得"互联网+"成为传统行业的新风口。

传统零售业自然也会在这一场巨大的变革中,寻求一条全新的生存之路。互联网超市,就是在这场巨大变革中形成的全新零售业态,突破了零售业风口,一跃而上,成为超市运营模式中的"明星"。

在零售业快速实现突围的巨头商家中,苏宁要算作积极的了,自从2014年苏宁易购上线以来,借助线上平台和线下门店两种渠道同时在巨大的零售市场中开启掘金之路。线上平台主要是基于苏宁易购,线下则主要在苏宁广场主力

店、微型广场店和苏宁易购服务站等实体店采用"实体+虚拟出样"的经营模式，形成了一种集购物、休闲、娱乐于一体的门店业态。可以说，苏宁是在拥抱互联网后打通线上线下快速融合领头商家中较成功的代表。

那么以苏宁为代表的超市，又是如何站在"互联网+"的风口上实现全新的零售经营模式的呢？主要有以下四种模式（见下图）：

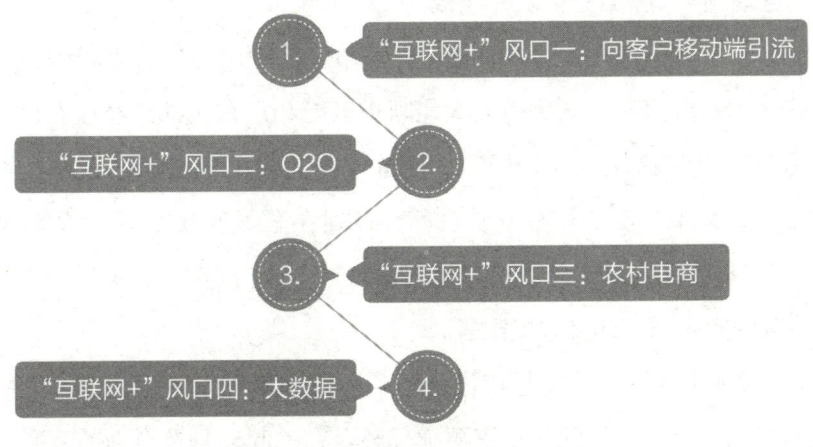

"互联网+"风口上新零售经营模式

1."互联网+"风口一：向客户移动端引流

如今，越来越多的消费者，尤其是消费的主力军"85后""90后""95后"，会选择用移动电商去购物，购物的品类从以往的传统商品逐渐地扩展到了食品、快消品等超市商品。

苏宁易购虽然利润较低、物流压力也不小，但是复购率却比较高，这完全可以抵消利润少和物流压力大的劣势，对整个苏宁易购向客户移动端引流起到了足够强大的作用。这正是苏宁互联网零售实现增长的关键点，同时也是苏宁全面实现互联网商业化的一个重要方面。

2."互联网+"风口二：O2O

O2O领域中，像滴滴打车、e代驾、58到家等企业异军突起，都获得了爆发性增长，得到空前关注。对零售行业中的O2O来讲，苏宁毋庸置疑是最具有得天独厚优势的。苏宁线下门店规模庞大，拥有1600家，线上苏宁易购的排名占据前三。可以说，苏宁是国内唯一一家能够打通线上、线下渠道而形成O2O闭环的互联网零售企业。

同时，基于庞大的物流体系和配送团队，苏宁率先实现了"送货到家""送货上楼""一站式"服务，也是在国内首个打通物流O2O闭环的企业。

3."互联网+"风口三：农村电商

据统计，目前电商用户中70%集中在城市，而中国的广大农村则是电商的"新大陆"和"蓝海"。两大电商大佬阿里巴巴和京东，都已经在农村快速布局，抢占农村电商这块"大蛋糕"，而苏宁作为线下零售家电企业，本身就已经在线下积累了广泛的用户基础。苏宁计划在全国范围内用5年的时间建成10000家苏宁易购服务站，从渠道建设层面打通"农村电商"渠道。

4."互联网+"风口四：大数据

借助"互联网+"对传统超市进行变革的核心就是大数据，通过大数据手段可以把苏宁线上、线下的用户资源全部整合在一起，创造全新的互联网消费模式；通过大数据的应用，可以真正实现智能推荐和精准营销。苏宁易购蕴含着最全面、最完整、最持续的用户数据，基于此，可以对用户进行商品品类推荐，随之向理财、旅游、保险等服务延伸。

苏宁正是抓住了"互联网+"的机会，才突破了传统零售的格局，实现前所未有的腾飞。

"智能互联网+百行百业"新型零售模式顺风而上

先有苏宁与阿里巴巴战略合作，后有永辉、沃尔玛与京东深度结盟，如今，家乐福、华润万家、广百、广州天河城购物中心等纷纷与电商联手，加快线上渠道的渗透。这些企业原本是实体零售业的"老大哥"，如今却纷纷放低身段，成为电商的"小跟班"。

01 零售变革前夜：看懂形势才能抓住机遇

事实上，早在2010年的时候，零售业就一直面临着成本居高不下、竞争愈演愈烈、回报率低、扩张难以为继等窘境，无论是超市、仓储店、品牌专卖店、商场，还是工厂门市等都面临这样的局面，零售业寒意逼人。

从一组数据中，我们能看出零售业的"寒冬"究竟有多冷：

2010—2016年，这七年里，每年连锁百强年销售增速分别为21%、12%、10.8%、9.9%、5.1%、4.3%、3.5%，销售增幅呈持续下降趋势。这一组数据充分表明，零售行业的现状和未来堪忧。进入2017—2018年，这一数据有所提升，虽然看似有些好转，但依然低迷。

在零售业如此"寒冷"的情况下，以往那些靠拓展门店去挣市场、坐等顾客上门、守着旧有盈利方式不放的零售商，就只能眼睁睁地看着生意流走。而那些敢于颠覆和改革现有运作模式的零售商，却借助"智能互联网+百行百业"新型零售模式顺风而上。

深圳一家大型购物中心，通过某商科技公司的"智能硬件+实体店"技术，以店面布局合众宝智能硬件作为载体，以寻到宝App、合众网、合众信息发布系统等平台作为与用户连接、吸引用户的工具，以智慧、有趣、选秀、造星、巨奖等原创IP内容进行智能新媒体运营，将文化传播、电子商务、互动体验、优惠推送、营销推广有机融合，打造线上线下相结合的全营销零售模式。这家深圳大型购物中心所采用的零售新型模式就是"智能互联网+百行百业"模式。

上述"智能互联网+百行百业"模式的探索，通过成熟有效的"智能互联网+零售"解决方案，使传统零售实体店焕发出强大的市场活力。如今，服装、餐饮、家具、珠宝、医疗、汽车4S店、酒店、地产、文娱等零售业中，这种模式也都已广泛应用。

这种"智能互联网+百行百业"零售模式,主要是通过实体店与智能互联网深度融合,打通了线上线下,真正实现了发展,推动了整个销售行业的变革,其意义非同一般。

一方面,对零售商来讲,"智能互联网+百行百业"模式的意义在于,以零售为主,以平台型智能硬件为载体,对智能新媒体运营进行引流,并形成一定的黏度,有效增加购物频次,最终推动实体店实现持续销售和盈利。除此以外,这种新的模式开启了零售时代精准营销的跨越式发展,借助"智能互联网+百行百业"对消费者行为数据进行收集、分析、整理,再为不同的消费者贴上个性化标签,根据消费和行为喜好,可以实现精准营销,这也是零售业从关注对手竞争到以消费者为中心的理念跨越。当然,这种模式还具备电商所不具备的线下体验的优势,而且还可以通过线上智能互动进行推广,达到引流的目的,这样线下、线上两条腿走路,实体店可以实现逆袭。

另一方面,对消费者来讲,"智能互联网+百行百业"业态整合智能互联网在零售业中的应用,完全满足了消费者在智能互联网时代的多种消费需求,让消费者能够享受更加丰富多彩的消费生活,打造出更加强大的零售消费新体验。可见,智能互联网时代,谁掌握用户,谁就能掌握未来。

总体来讲,"智能互联网+百行百业"是智能互联网时代对零售业的革命性创新,也是零售业在互联网、移动互联网的基础上进行的转型升级,意义非同一般。

"双11"新零售元年来临,中国零售业走向世界

2016年10月,马云在杭州云栖大会上曾做了一番关于"新零售"的演讲,当时就引起了轰动。他认为,纯电商时代已经过去,未来十年、二十年没有电子商务这一说,只有新零售。线上线下和物流必须结合在一起,才能诞生真正的新零售。

马云的观点引人深思,"新零售"概念被推向风口浪尖。的确,传统零售行业和互联网行业的结合从来没有像现在这样紧密,形成了一种"你中有我,我中有你"的关系。而"新零售"理念,则是未来零售业向更好方向发展的催化剂。

"新零售"业态的出现,很大程度上冲击了传统实体零售产业,使得消费者的购买行为也发生了翻天覆地的变化。然而,这些仅仅是踏上"新零售"征程所迈出的第一步,随着消费者需求的改变,以及新科技的应用,线上线下的界限彻底被打破,早在2018年,天猫"双11"狂欢就印证了马云所言的"新零售时代已经来临"。

2018年也是第10个"双11"购物狂欢节,在这一天,许多电商会进行大规模促销活动。

2018年11月11日,阿里巴巴天猫"双11"打响,开场2分5秒,总交易额超

100亿元。2018年天猫"双11"总成交额为2135亿，且全球成交的国家和地区已经达206个。

从这组数据可见天猫"双11"的巨大能量，此后，"全球买、全球卖、全球付、全球游"成为了天猫每年开启"双11"的热词，推动了全球消费者"买买买"的浪潮。

线上线下深度融合

2018年天猫"双11"狂欢夜场如约上演，阿里巴巴、京东、网易、苏宁等多家零售业巨头的"双11"购物节也进入白热化阶段，引得无数"剁手党"度过了一个忙碌而兴奋的夜晚。值得说明的是，2018年的"双11"与以往的"双11"有一个明显的区别，那就是各大电商平台纷纷发力，线上、线下深度融合（见下图），使得狂欢购物从电商蔓延到了更多的线下实体店。

线上线下深度融合

1.直播带来电视购物的复兴

以往的"双11"虽然能够吸引和拉动消费者，但缺乏新意，长此以往会让消费者失去新鲜感，在一定程度上降低消费热情和积极性。而将一些新的手段、技术、运营策略加入其中，将会给消费者带来耳目一新的感觉，有助于提升消费者的关注度和销量。

近几年直播异常火爆，所以，不少电商在2018"双11"期间，借助直播平台引流，也给消费者带来了新鲜感，进而引发了久违的电视购物复兴。

在2018年11月11日当晚，各大电视台，如浙江卫视、湖南卫视、深圳卫视等，都在同步直播天猫"双11"晚会。在晚会上，各大品牌花重金要求各路明星，用明星们的强大知名度和影响力为自己的品牌代言。为了增强天猫"双11"的曝光量和营销影响力，阿里巴巴几乎把娱乐圈"一锅端"，从歌手到演员，从小鲜肉到实力派等，有李宇春、张艺兴、杨丞琳、张钧甯、奚梦瑶、易烊千玺、秦岚等众多明星，都拉来给天猫"双11"打气助威。

有数据显示：天猫"双11"全球潮流盛典直播中，线上共有超过1.4亿人次参与互动点赞，许多全球首发的新品都在预售开启当天即告售罄。

这种请进"半个娱乐圈"的巨星与消费者互动的购物方式，既给消费者一种酷炫感，同时也能给消费者带来更加新奇的购物体验，让不少"网购族"眼前一亮，促进了成交量提升。

2.线上线下"零时差"

很多线下实体店也参与了2018年天猫"双11"购物节，通过融合、互通，线上、线下的关系也越来越紧密。

传统零售商家也在2018年"双11"活动中表现出极大的积极性，通过线上、线下结合，完善服务体验。

在"双11"当天，全国近600家新零售改造卖场和商超全线加入天猫"双11"，包括近100家盒马鲜生门店，以及470余家通过淘鲜达改造的连锁商超，覆盖165个城市，超5000万用户。这也意味着天猫"双11"的"剁手党"第一次从线上扎根到各个城市，形成线上线下联欢。

除此以外,京东也联合旗下的京东之家、京觅生鲜等多家门店,苏宁也打出了"上网上街上苏宁"的主题,纷纷加入实体商品和服务当中,使得线上线下联动几乎成为2018年"双11"的一大亮丽风景。

更多线下实体店也参与了这场购物节,表明它们与互联网巨头的融合、互通已然更加紧密。更重要的是,这种"零时差"的线上、线下融合方式,使得购物变得更加便捷、轻松、富有创意,为消费者开启了全新的消费体验,更受消费者的喜爱。

全球狂欢背后隐藏的是阿里巴巴对"人、货、场"的重构

人、货、场是零售行业中永恒的概念,不论技术与商业模式如何改变,零售的基本要素是不会变的,是离不开"人、货、场"三个要素的。而2018年的天猫"双11",将各种前沿技术运用其中,还继续高举"全球化"大旗,将全球化战略持续推进。在这场购物大战中,阿里巴巴真正打通海内外营销渠道,实现了全球零售一体化,不仅消费者可以从中享受到买遍全球的乐趣,对品牌商家来讲,在搭乘"双11"这趟顺风车之后,可以快速、大幅拓展市场,向"卖全球"时代迈进。然而,这场全球狂欢背后隐藏的却是阿里巴巴对"人、货、场"的重构(见下图)。

阿里巴巴对"人、货、场"的重构

1.人：购物体验全球化，形成"全球共振"

阿里巴巴在打破商业地域界限的深度试水中，也对其全球商业基础设施方面进行加速升级，虽然，2018年"双11"已然成为全球所有消费者、所有商业从业者共同的节日，成为全球商业的大协作。

为了满足消费者对美好生活的需求，从品牌商到服务者，在营销、物流、金融、供应链、数据、技术等各个环节都精心打造，形成共振，让消费者能够感受到最好的产品、服务和创意。

这就是"双11"对"人"的重构。

2.货：产品互通往来，掀起跨境贸易盛宴

如今，海外市场也已经成为天猫"双11"的分会场。在每年"双11"活动中，中国消费者将触达超过60000个国际品牌和商家，而100个以上的中国顶尖品牌将借助"双11"走出中国，走向海外市场。天猫"双11"已经成为前所未有的跨境贸易盛宴，使得中国和世界市场中的产品互通往来，这种货的重构所产生的力量，成了引领全球商业潮流的风向标。

3.场：同样的购物，不同的体验

在对"人、货、场"进行重构的过程中，"场"是其中最重要的环节。场景体验在天猫"双11"活动中显得尤为重要，给消费者带来了全新的消费场景，拉近了产品与消费者之间的距离，通过直播互动，让购物更贴近线下购物场景，从而帮助消费者体验全新的直观消费场景。

2019年3月30日，淘宝直播盛典上发布的《2019年淘宝直播生态发展趋势报告》中给出了这样一组数据：2018年加入平台的主播人数较此前一年净增180%，月收入超过百万的主播超过100人。而2018年淘宝直播平台带货超过1000亿元，同比增速近400%。可见，在每天超过6万场直播里，许多主播迅速实现了财富自由。

然而，这一点在2018年淘宝"双11"当中有了很好的验证。2018年"双

11"期间,主播薇娅曾创造一天3个亿的销售额纪录,"口红王子"李佳琦在马云的直播PK中,仅用5分钟卖掉15000支口红,10秒钟帮助张大奕卖掉10000支洗面奶,成为"带货王"。

显然,这是阿里巴巴对"场"的一次重构。直播的融入,创造了全新的消费场景,同样的购物,却给消费者带来了不一样的消费体验。

总之,"双11"已经全面推翻了传统商业"货、场、人"的顺序,将用户需求作为重中之重,重构"人、货、场"的逻辑,无论"货"还是"场"的重构,最终都是在为"人"——消费者服务。

XIN LING SHOU
GE MING

02
转型就要思变：
新零售店铺的四大变革

> 新零售革命已然来临，这场变革超乎人们的想象，进入"新零售"时代，零售店铺要想转型，首先需要思变，唯有思变，才能跟上时代发展的步伐，在零售领域激烈的竞争中，更好地生存，更快地发展。

定位之变：从"产品为主导"到"消费者为主导"

传统零售往往是以产品为主导，生产商生产什么产品，零售商就卖什么产品，消费者就只能购买什么产品。如今，时代在变化，消费者的个性化需求越来越强烈，零售商售卖的产品内容往往是按照客户需求来进行定位的，即消费者为导向的新零售时代已经来临。

消费者是市场主导者

新零售是有关消费者的零售，或者是利益攸关方的零售。新零售与"旧零售"的最大区别在于，零售商能否抓住用户真实的互动需求，由消费者、需求端推动的零售变革才是"新零售"的根本所在。换句话说，在新零售时代，消费者才是市场的主导者。

那么如何才能通过满足消费者的需求，加速零售商的市场竞争力呢？

1.建立用户真实需求反馈机制

通常，只有当用户有真实需求的时候才会有反馈信息，所以，用户反馈几乎等同于用户需求，是产品设计的重要参考，因此，就需要建立用户真实需求反馈机制，一般分为四步（见下图）。

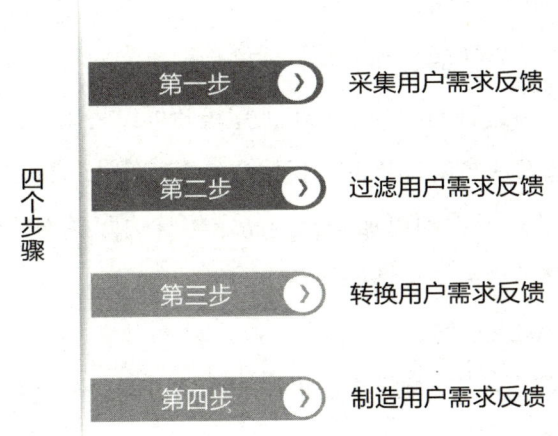

建立用户真实需求反馈机制的步骤

第一步：采集用户需求反馈。

零售商应当将用户需求反馈直接纳入产品规划，对产品进行定位。完全将产品定位抛于脑后的零售商，所产生的结果是显而易见的。但很多情况下零售商在进行产品定位的时候，希望面面俱到，这样导致的最终结果是没有人会购买产品，包括最初提了很多建议的用户，因为产品已经包含了太多不是基于单个用户本身需求的功能。零售商接受越多的用户需求反馈，产品所呈现的个性化需求就越不明显，不会形成有效的客户群体，更别说传播效应了。

第二步：过滤用户需求反馈。

用户需求反馈的种类有很多种，从产品构成的角度来看，可以分为视觉需求、交互需求、功能需求；从用户的情感需求来看，可以分为报错类反馈、建议类反馈、评价类反馈；从需求反馈价值来看，可以分为有效需求、无效需求。面对如此多种类的需求，零售商应当过滤掉无效需求，把建议类反馈细分为视觉、交互、功能等方面详加分析，以便提升和改进产品与服务，同时，用户需求往往会随着时间、地域或者其他主观因素而改变，如果同类产品比你的产品更能够满足用户需求，那么用户会毫不犹豫地抛弃你。

第三步：转换用户需求反馈。

用户需求反馈通常是直接的、细节的、精确的解决方案，但并不一定与零售商的产品定位相符。在这种纠结的情况下，零售商可以将用户提出的需求反馈作为解决方案，通过解决方案反推并分析用户的真正需求。满足同一需求的方案是多种多样的，唯有寻找到更加符合产品定位且边际成本最低的解决方案，才是上策。这就是用户需求反馈的转化。

第四步：制造用户需求反馈。

制造用户真实需求反馈，这是零售商进行产品定位的最高境界。通过产品包装和营销宣传，再赋予人文情愫，使得产品拥有解决用户真正需求的亮点，这样就可以将亮点扩散成为大部分用户的需求反馈，让用户产生一种"别人有，我也要有"的心理。而这种被制造出来的用户需求反馈，是在一种"从众心理"的支撑下实现的——人为制造的，顺理成章。

2.增加体验感受

零售商为了引导消费者的消费欲望，就必须寻找能够刺激其消费的方法，此外还需要摒弃传统产品质量过硬就能满足消费者需求的思想观念，在全新互联网思维的基础上提升服务，让消费者在获得高品质产品同时，还能够享受到高品质服务。因此，增加消费者的体验感受是解决这一问题的最佳途径。

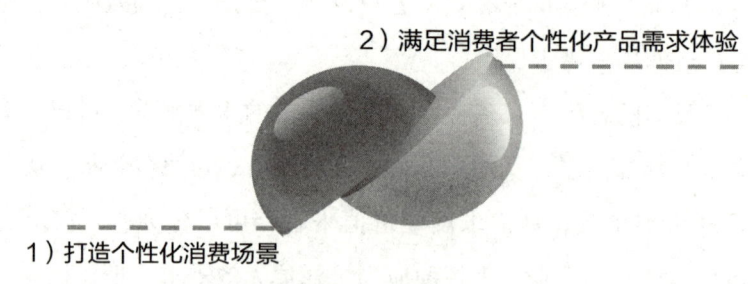

增加消费者的体验感受的方法

1）打造个性化消费场景。

个性化的消费场景，更能够迎合消费者的场景需求。通俗地讲，个性化消费场景通常是以消费者体验为纲，让消费者通过一定的消费场景获得更好的感知，即让用户"爽"。

如今，国美通过建设"新场景"的创新门店，借助真机实景，为消费者展现了其品质家电的魅力，满足了广大消费者对家电产品的体验需求。

消费者可以在烘焙课堂上亲手制作糕点，在智创空间操作无人机，在电竞网咖专区体验全球顶级的游戏主机，能够在国美"未来我的家"拿到专业的厨房设计、家庭水处理系统、空气净化系统以及地暖系统等整体家装设计方案……国美所做的这些都是以消费者需求为主导，通过卖场的重新布局，增强了体验元素，逐渐改变了消费者对传统门店的"刻板印象"，实现消费者"一站式"购物。

国美站在"购买者"的角度，将自己的零售定位为"如今的零售，实际上并不是厂家的零售，或者零售商的零售，而是购买人的零售"，并且计划未来通过"存量业务+新场景导入新业务+后服务市场新业务"导入，进一步拉近与消费者之间的距离，以消费者需求为导向，努力由原来的"电器零售商"向"产品+家庭整体解决方案提供商"转变，由"电器零售卖场"向"产品+娱乐休闲体验式卖场"转变。

国美这种注重消费者参与、注重消费者体验的新零售方式，可以说是新零售市场中营销的典范。

2）满足消费者个性化产品需求体验。

零售商可以借助大数据优势，通过对消费者年龄、喜好、生活习惯、购物行为等方面进行数据挖掘，获知消费者需求，并要站在消费者的立场上，与其进行真诚沟通，激发消费者的潜在欲望，实现产品营销的精准定位。

当然，每位消费者对产品的需求是不同的，零售商需要通过个性化产品体现产品的与众不同，才能更好地吸引消费者并产生消费行为，使他们获得更加个性化的产品和服务，获得良好的购物体验。

消费者参与消费过程满足自我表达需求

新零售时代，消费者是市场的主导者，而消费者究竟需要什么样的产品，并不是零售商凭主观判断就能得到答案的，而是需要借助一定的方式，满足消费者的自我表达，这样设计出来的产品和服务才更能站稳脚跟。

如今，零售业的市场主导权正在被消费者所削减，信息对称和市场民主成为市场发展的主要特征。在经营的过程中，消费者已经成为零售商营销的中心。消费者参与消费过程，实现自我表达，对零售商成功营销至关重要。零售商与消费者共同进行产品和服务设计、产品定价等，成为消费者价值和零售商价值的共同缔造者。可以说零售商离不开消费者，只有双方互动，才会使得其市场竞争力倍增。

消费者在参与式互动过程中，与零售商是一种合作关系。双方之间的合作过程就是消费的过程，在这个过程中，零售商无须专门高额聘请高端市场营销人员进行产品定位、营销方案设计，直接通过与消费者互动，让消费者按照自己的真实需求来"呼唤"产品，帮助零售商定位产品，这样零售商所销售的产品自然会受到消费者的青睐。同时这种参与式互动方式能够为零售商营销造势，起到很好的品牌宣传效果。

在这方面，小米科技可谓是"行家"。小米与其他手机品牌的最大区别是用户在"玩"手机，而并非只"用"手机。如今人们越来越喜欢体现与众不同，小米与用户建立良好的关系，成为真正的朋友，邀请用户参与到产品研发、生产、销售等各个环节，鼓励用户提供具有创新性的建议，以便帮助小米在零售市场竞争中能快人一步抢占先机。

比如小米宣布要研发一款新品时，很多用户都主动参与一起探讨并设计新品。这样,一方面有助于为产品宣传造势,另一方面又给用户带来了参与消费的积极性和热情,可谓一举两得。

注重体现消费者的时间价值

传统零售业态下,大多数消费者在选购商品时,时间并不充足,甚至很多购买决策是受到购买情绪等诸多因素引导而做出的。这样,那些非理性的购买决策产生几率就相当大。

新零售业态下,消费者在购买流程方面更加注重便捷性及时间价值。新零售时代,基于现代电子商务模式和线下实体店的消费者购物场景,更加注重体现消费者的时间价值(见下图)。

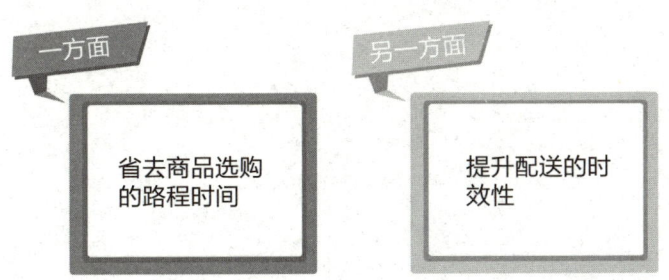

现代电子商务模式体现消费者时间价值的两方面因素

一方面,省去商品选购的路程时间。

电商平台上互联网的发展,让消费者足不出户就能浏览到电商平台上最新商品信息,随时随地可以下单订货,避免了亲自到卖场选购的路程时间。

物美超市为了迎合时代的发展,与网络电商平台多点联手,基于既有供应链物流和商超销售终端资源整合,共同打造线上线下一体化营销模式。消费者可以在手机App或网站登录线上多点购物平台,平台通过电子围栏自动定位消费者所在的位置,同时关联附近3千米范围内的物美超市店铺。消费者选择门店后，就可在线浏览商品，选购自己需要的商品，独立完成下单、支付。下单后可以选择到店自提，或者由店铺配送到家。如果选择配送到家，可以自主选择送达时间段，真正节省了消费者商品选购的路程时间；如果急于使用商品，可以选择门店自提。通常，多点能实现两小时送达，服务具有很强的时效性，打破了空间的局限性，真正把超市搬到了消费者的家门口。

另一方面，提升配送的时效性。

在纯电商购物模式下，消费者对商品的配送时效提出了更高的要求。通常，消费者对延迟发货或者配送效率较低等问题非常敏感，这些不仅考验商家的服务水平，同时考核快递公司服务态度。

当然消费者也可以通过线上选购、线下就近自提的方式，提升时效。

心态之变：从"等客"到"寻客"

传统零售，无论是线下实体店还是线上电商，往往都是"坐等"客户上门消费，新零售时代，彻底打破了这种"等客"心态，零售商需要更加积极地主动四处"寻客"，在提供客户所需要的产品和服务之余，更要有敏锐的营销意识。

"守株待兔"式营销模式已死

以往，实体店的销售人员主要坐在柜台前，等待消费者前来选购商品即可，然而新零售模式下，如果零售商还抱着这种"守株待兔"式的营销模式，显然在市场竞争中"必死无疑"。因为传统的柜台式销售方式已经很难满足人们的需求，并且暴露出越来越多的缺点（见下图）。

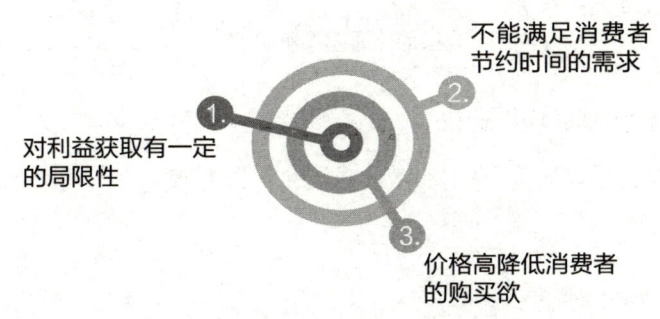

"守株待兔"式营销模式的缺点

1.对利益获取有一定的局限性

店铺柜台"守株待兔"的销售方式已经不能满足商家对销售终端的有效前伸,不能达到争取利益最大化的目的。

2.不能满足消费者节约时间的需求

实体店销售给那些生活节奏越来越快的消费者增加了上门购物的麻烦,很难满足消费者节约时间的需求,不能实现上门服务,所以降低了消费者对上门购物的积极性。

3.价格高,降低消费者的购买欲

商店商品往往会因为诸多中间环节而造成成本难降、价格居高不下,使得消费者对实体店购买的兴趣越来越淡薄。

由此可见,传统的"守株待兔"式经营模式,已不适应消费者需求,相比而言,主动"寻客"则有以下优势(见下图):

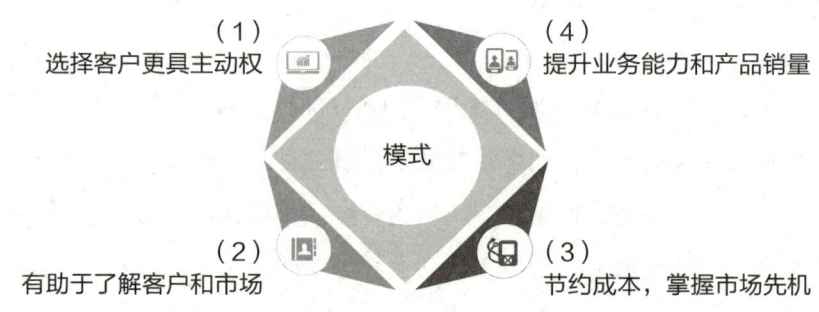

主动"寻客"的优势

(1)选择客户更具主动权。

通过主动"寻客",可以接触到更多的优质客户,这样零售商可以有更多的主动选择权。

(2)有助于了解客户和市场。

零售商可以主动走在同行的前端,与同行相比,在了解客户需求、了解市场情况方面具有更多的优势。

（3）节约成本，掌握市场先机。

主动开发、寻找客户所需要的成本，比"等客"所需要的成本相对要低。因为"等客"对零售商来讲，是一种时间成本的浪费，并且在"等客"的时候，对那些"寻客"的零售商而言，已经在市场竞争环节表现出落后的态势，失去了较好的市场先机。

（4）提升业务能力和产品销量。

主动"寻客"的模式，可以有效提升业务员的业务能力，提升产品的销量。所以，"等客"的模式必然向"寻客"转变，这在新零售时代是大势所趋。

实现"购物+社交+娱乐"的全渠道客户沉淀聚合

"得用户者得天下"，庞大的客户基础，是提升零售商竞争力的最好武器。所以，开发客户是零售商在销售过程中最重要的环节。新零售模式下，线上、线下融合，使得实体渠道、电子商务渠道、移动电子商务渠道的全渠道零售模式应运而生，与此同时也必然给零售商带来了全新的获客渠道。

对零售商来讲，客户积累与沉淀越高，则客户的数量和质量越能达到预期的效果。高效而精准的寻客，可以起到事半功倍的效果；盲目撒网是对资源的一种浪费。对客户而言，一次愉快的购物经历，比购物本身更加重要。所以，掌握有效的全渠道客户沉淀聚合方法，零售商快速实现新的流量增长不再是难事。

目前，有很多零售商已经不再将消费者购物体验停留在简单的购物阶段，而是将购物作为一种社交和娱乐活动，将购物中心当作一种社交和娱乐场所，让客户在社交和娱乐的过程中愉快地完成购物行为，这种"购物+社交+娱乐"的客户购物方式被称为"有温度的购物模式"（见下图）。

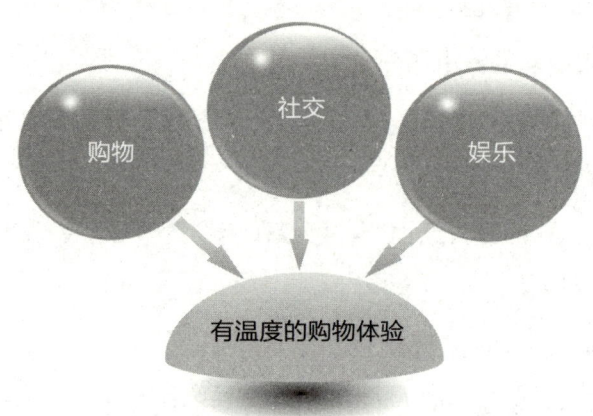

有温度的购物模式

目前，上海有很多购物中心都在借用这种"有温度的购物"方式实现流量的增长。商家会在特定的时间，在线上进行会员积分抵扣折现，并发放优惠券，很多会员因为追求便宜，会在这个特定时间来换取并来购物中心消费，这样就轻松实现了会员的互动和消费落地。此外，这些购物中心使用了大型互动屏幕，增强消费者和购物中心的链接，线上购物中心的会员网站推出一些活动，会让消费者参与到线下互动的活动当中，而优惠券则会在这个大型互动屏幕上显示，给那些希望获取优惠的消费者提供一定的便利。

购物中心之所以采取这样的销售方式，关键就在借此提升消费者的新鲜感，因此在每次特定的时间里，在不同互动和活动的过程中能够吸引新老消费者前来参与并产生消费行为。

显然，这种"购物+社交+娱乐"的全渠道客户沉淀聚合方式，使购物中心变成了消费者社交、娱乐的场所。如果消费者觉得这种购物方式很"酷"，自然会吸引更多的人前来参与互动并消费，并实现向"粉丝"的转化。换句话说，这种"购物+社交+娱乐"的全渠道客户沉淀聚合方式，为零售商全面打造了线下"粉丝"的聚集地。

02 转型就要思变：新零售店铺的四大变革

这对零售商来讲，拥有雄厚的"粉丝"基础，便相当于拥有了庞大的免费品牌传播资源，这些规模庞大的"粉丝"，能够为零售商带来巨大的财富与名利。因此，零售商可以进一步借助这种用户沉淀聚合的力量开展"粉丝经济"，并借助"粉丝经济"实现盈利。

新零售革命

关系之变：重构与消费者之间的关系

零售业早已有之，随着科技的发展，在不同时期以不同形态出现（见下图）。

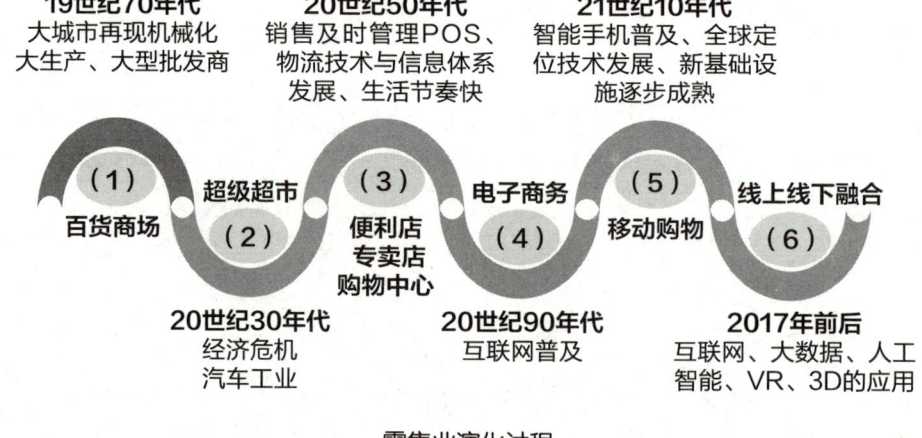

零售业演化过程

新技术革命让零售业发生了巨大的变革，势必让零售业和消费者之间的关系进行重构。而重构零售业与消费者之间的关系则是新零售革命的重要核心。目前消费者成为新零售的稀缺资源，如果零售业不能改变目前与消费者之间单纯的买卖关系，很难实现真正变革。

一组调查数据显示：目前零售业是顾客流失率最高的行业，其次是银行业。因为在目前的零售模式中，顾客有更多选择，此时如果零售商依然没有任何方法和手段黏住顾客，那么顾客就会将你"抛弃"，向产品品质更好、服务更加优质的店铺欢快地奔去。

区别于以往的零售业变革，新零售是一种通过数据与商业逻辑相结合、能够真正实现消费方式逆向牵引生产的变革。它将为传统零售业插上数据的翅膀，通过人工智能实现资源配置的优化，孵化新型零售物种，重塑价值链，创造零售商更强的竞争力，催生新型服务商并形成零售新生态。

分析当下及未来的市场发展态势，我们不难发现，在各种新技术的普及和运用下，客户在消费过程中会有更多选择。供不应求的市场环境下，消费者能抢购到商品就已经是幸运的，但随着新技术的发展和应用，市场供给逐渐增多，消费者的选择越来越多，如今，零售产品已经极为丰富，消费者拥有了绝对的选择权。在未来市场，商品会严重过剩，消费者的选择会更多。

在这种产品严重过剩，消费者总量有限的情况下，不论是线上电商还是线下实体店，都会研发更多的消费场景，使消费者进一步分流。所以，未来，谁拥有庞大的消费者，就意味着谁能够在市场中具有强势的话语权。毫无疑问，消费者已经成为新零售竞争的核心，商品和服务为最基本的经营要素，"顾客是上帝"体现得更加明显。未来的零售市场，流量、客流将变成稀缺资源和重要资源。

在新的市场环境下，零售企业需要研究如何用更有效的手段吸引客户、黏住客户；如何在流量有限、消费者资源稀缺的环境下，挖掘和提升每位消费者的贡献度。

基于此，目前零售企业要在传统的商品、服务集客的基础上，转变观念，结合当前的市场环境、社会环境，通过进一步为消费者创造更多的价值，通过目前网络环境下新的技术手段，通过建立与消费者之间的新关系，形成经营消费者的新手段与措施。所有这些的目的只有一个，就是建立稳定的、紧密联系的消费群体，创造更多价值。

长期以来，零售商始终扮演着渠道商的角色，将产品从生产者手中转移到消费者手中。然而，在新的市场环境下，零售商需要从渠道商向为消费者创造更高生活价值转变。

新零售市场环境下，零售商的内涵也发生了极大变革，颠覆了传统意义上的"卖产品"，以往以商品为中心的零售业态将逐渐消失，未来取而代之的将是以为谁服务进行划分的新零售业态。

营销之变：消费者与零售商的买卖"选择"关系

在零售领域，当消费者需要做出选择时，却因为产品的严重过剩而面临着难以抉择的问题。

在供大于求的时代，人们时常面临选择困难如选购卫生纸会考虑，如环保、安全、柔韧性、掉不掉渣等问题，同时也在权衡过程中浪费了很多时间。

随着人工智能的应用和普及，在未来的新零售时代，有更加专业的零售服务商来帮消费者完成智能化选择和匹配偏好。

比如我们每月需要买一些生活用品——柴米油盐酱醋茶、卫生纸、洗衣液等时，可以交给一个购物平台自动采购并配送，自己只要在购物平台的问卷中做出喜欢的选择，回答几个问题，如你需要的品牌，有新品或者有折扣时是否愿意尝试其他品牌，你认为怎么组合更加划算，甚至如何使用优惠券更加划算？体验几次后，购物平台系统会根据你以往的消费记录，通过智能数据对你的使用量和品牌的选择来做出自动判断，知道哪一款产品更能够满足你的需求，你适合选择哪一款产品。这样，服务变得越来越贴心、智能数据"比你更懂你自己"。

更高级一些的，如服饰穿着，你告诉零售服务商你在不同场景对服饰的需求以及身体数据后，零售服务商会结合人工智能，判断出不同场合中哪款服饰更加适合你,并为你做出推荐。而你所要做的就是勾选几个选项、标签,明确你喜欢或不喜欢的风格、颜色即可。

显然,针对这些新零售消费场景,有竞争力的零售商卖的一定不是商品本身,而是问题某方面的解决方案,由此为消费者提供更加便捷、良好的消费体验,消费者除了需要支付贷款,还需要支付服务成本;对商家而言,能够在消费者不知不觉中为其解决某方面的问题,就可以成为消费者眼中的优秀品牌或超级品牌。

新零售时代,消费者与零售商之间通过买卖方案"选择",提升个性化服务,与此同时,也对零售商的营销策略提出了以下要求(见下图):

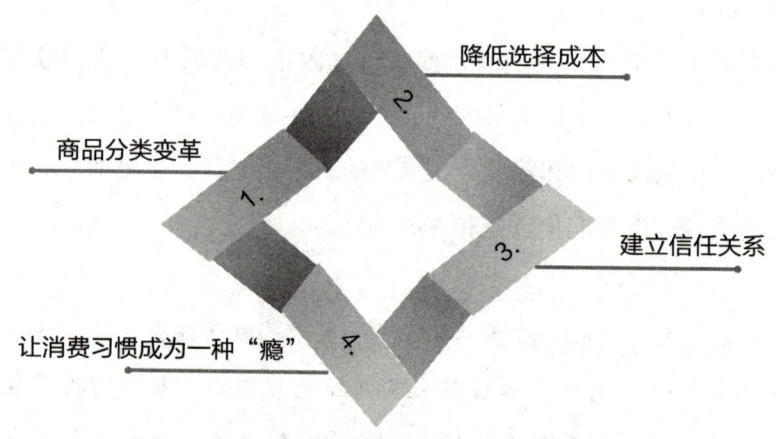

提升零售商在消费者心中形象的营销策略

1.商品分类变革

商品的分类从按照自然属性分类,转变为按照消费者的某类需求进行分类。

举个简单的例子。以服装零售业为例,原来服装是按照男女、款式等分类的,而未来的服装零售业则是按照某个消费群体的某个需求进行分类,或是按照场景进行划分。例如,白领女性的晚宴场景,零售商就会为其提供一套更加适合晚宴穿着的解决方案，包含衣服、包、首饰、鞋子，甚至是与服装更加匹配的化妆服务，因为消费者已经懒得自己花时间去选择和凑齐这么多商品，他们需要的是一个能够解决问题的有效方案。

2.降低选择成本

零售商如果不懂得如何降低消费者的时间成本、选择成本、风险成本，即便有好产品和竞争力强的价格，也很难拥有优质的消费客户，这对面对非低端大众市场的零售商来讲更为重要。

3.建立信任关系

消费者能够放心将自己的选择权交给零售商，是建立在足够的信任基础上的。如果你能够获得消费者的信任，甚至让消费者认为你是值得依靠的，那么你就可以跳出竞争的"红海"，不需要再打价格战。因为，此时你已经赢得了越来越多的消费者，"得消费者得天下"。

4.让消费习惯成为一种"瘾"

新零售时代，成功的零售商可以替代消费者的某些功能，就像是你在生活中习惯了使用某一辅助工具一样，最终你自身在这方面的能力就会逐渐消退，并且对这个工具的依赖性越来越高，成为难以戒掉的"瘾"。

总而言之，在新零售市场环境下，消费者与零售商之间已经不再是简单的商品买卖关系，而是超越这种关系之上的一种对"选择"进行买卖的关系。在这种关系下，零售商为消费者扫清了更多的障碍，成为一个优秀的问题解决方案提供者，成为让消费者难以离开的"管家"。这样，零售商就可以不用顾忌价格战，即便没有价格优势，也能凭借自己的可信度，让消费者对产品和服务"上瘾"，而自然就成了市场竞争中的赢家。

经营之变：从"守旧"到"创新"

新零售是一场关乎市场环境、消费环境、社会环境变化的全新变革。在当前环境下，新零售变革实现从"守旧"到"创新"，必须对经营方式进行变革。

快速反应机制取代流程化模式运营

当那些连锁零售企业的发展规模达到一定程度时，在内部实行严格管控，尤其是为了防止在采购方面发生的腐败问题而进行相应的控制是非常有必要的。但进行内部管控也势必会给零售企业带来效率低下的问题，往往反应迟缓，根本无法适应瞬息万变的市场需求，进而严重影响零售企业变革的速度，这就给零售企业的发展带来了极大的阻力。

面对自身所存在的这些问题，零售企业必须及时建立基于市场变化的快速反应机制，特别是连锁零售企业，打破传统流程化的运营模式迫在眉睫。唯有克服零售企业各门店反应迟钝的运营模式，建立高效快速的反应机制，才能提高零售企业的经营效率，在市场中形成强效竞争实力（见下图）。

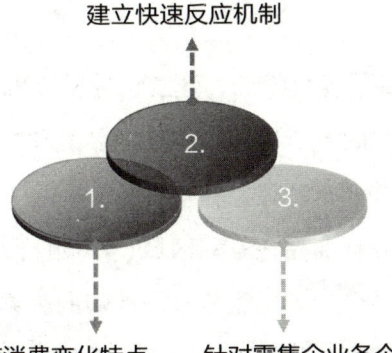

提高零售企业经营效率的方法

1.根据不同门店消费变化特点，建立快速反应机制

当前，很多连锁零售企业几乎将所有的精力都放在了总部，往往忽视了对各个门店的关注和重视，殊不知，即便总部管理完善，但各门店的销量不能达标，会拖总部的"后腿"，使连锁零售企业整体不能获益。只有各门店齐头并进、共同发展，维护正常的运营秩序，取得共同进步的时候，连锁零售企业的盈利才能得到整体提升。

所以，连锁零售企业应当针对各门店的特点，建立基于各门店消费变化的快速反应机制。这样，从总部到各门店，能够形成对消费变化跟踪、分析、研究系统，跟进每个门店的消费变化情况，及时采取适当的措施进行调整，有效避免了部分门店经营能力与供求关系的脱节。

海澜之家会通过每周分析门店的零售数据，挖掘最新的消费趋势并制定新一轮的产品款式，生产供应商则根据海澜之家提供的数据提案自行设计产品样稿，之后再将产品样稿交给海澜之家打分，打分合格的样稿再进行加工生产，并最终送到各个门店销售。海澜之家的这种根据门店消费变化特点制定的快速反应机制，充分体现了其快速适应市场变化节奏的能力。因此，每年海澜之家都能够推出30批次的新款休闲男装，适应消费者的需求变化。

2.根据不同门店商品变化特点，建立快速反应机制

近几年，随着技术的不断进步，产品的品类和数量变得越来越丰富，使得商品市场也随之变化并异常凸显。在这样的大环境下，原来市场中的品牌霸主地位越来越被削弱，并且商品在不同区域、不同商圈中所体现出的差异化也越来越明显。与此同时，受到市场竞争日益严峻的影响，零售企业必须根据不同门店的实际情况，调整商品品类，以增强门店的经营活力。所以，零售企业需要根据不同门店的商品市场变化建立快速的反应机制，应当包括新品引进机制、品类调整机制、商品优化机制，这样门店在商品经营过程中能够变得更加灵活。

3.针对零售企业各个环节，建立高效反应机制

零售企业不断壮大，随之而来的是社会分工的细化，在企业内部，产品采购、商品管理、数据管理、运营、营销等各个环节都实行岗位负责制，将工作任务落实到具体的某个人身上，提高了工作效率的同时，更加速了企业的整体运转效率，企业需要针对各个环节建立高效反应机制，实现整体执行效率的提升。

扁平化取代层级制

消费升级加速改变了零售业经营模式。传统零售业的经营模式是一种层级制，在这种制度下，采用的是一种C2P2B2M（消费者→销售渠道→零售企业→工厂）经营模式，然而在新零售时代，将彻底打破这种层级模式，并将经销商挤出市场，取而代之的是一种C2B2M（消费者→零售企业→工厂）的经营模式。甚至直接抛弃传统销售渠道和零售企业，直接过渡到C2M（消费者→工厂）。

不论是向哪种经营模式的变革，都意味着较传统零售模式而言，极大地缩短了市场信息穿流的路程，是一种扁平化的经营模式，使得制造商能大幅提升响应能力和响应速度。经销商从原来的关注下游的经销商，转变为关注产品的终端消费者，减去了给经销商分流的无奈，将更多红利直接转移给消费者。

零售企业的这种扁平化组织架构，减少了层级管理，将更多的经营权利掌握在自己手中，无论是门店布局调整，还是商品、品类、品牌的调整，或者消费者的管理等政策，都能够快速推行和实现。

零售企业经营管理的扁平化，从一定程度上缩短了管理时间，提升了管理的时效性，提升了总部与门店经营的相互协同和契合能力，避免其在经营过程中陷入僵化。

价值促销取代价格促销

在传统零售的市场竞争中，消费者与零售商之间的价格战争是司空见惯的事情，几乎每种产品的零售环节都以降价为竞争手段。

近年来，价格战已经不能吸引消费者，一味地降价也并非是最佳的营销竞争策略。各零售商都想方设法地寻求一种全新的营销竞争方式，用价值促销取代价格促销，成为新零售时代的重要营销方式。

所谓"价值促销"，是相对"价格促销"而言的。"价值促销"与"价格促销"之间最大的区别在于，通过向消费者提供最有价值的产品和服务，达到促进产品销量的目的，创造出新的竞争优势，在市场竞争中取胜。

市场营销学界的权威人士菲利普·科特勒认为：顾客追求价值最大化，要为顾客提供最大、最多、最好的价值。围绕客户价值的最大化，价值促销的重点应当放在做好产品价值、品牌价值、服务价值三种促销组合（见下图）。

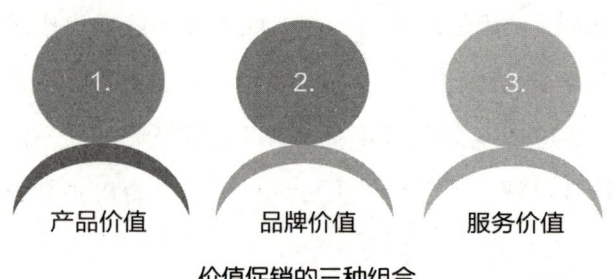

价值促销的三种组合

1.产品价值

当市场中产品同质化严重的时候，一件商品的物理属性价值的发挥已经达到了临界点，没有任何可以继续发挥的空间，此时可以增加消费者对产品的心理价值筹码，使得消费者的交易天平向着购买产品价值一方倾斜，这样就可以提升产品的价值促销成功率。

1）提升产品品位。

当商品进入"存量"的新零售时代，作为差异化竞争的秘密武器，"高品质产品"成为购物中心眼中的"香饽饽"，因为消费者已经将购买"理想生活""高品质生活"作为其消费的主要目的。

面对这样的市场需求，零售商要抓住机遇，思考如何才能打造能够代表高品质生活的产品营销，为自身创造更多的空间，进而被资本市场所认可。

零售商可以通过提升产品品位来实现。很多产品除了具有一定的物理属性功能与价值之外，还具备一些其他方面的功能，尤其是奢侈品或价格昂贵的产品，如珠宝、手表、名包等，不仅是消费者张扬个性品位和身份地位的工具，更能体现其优雅、高贵的品位。

以劳斯莱斯汽车为例。劳斯莱斯汽车不仅销售价格高昂，而且对购买者还提出了非常苛刻的要求，凡是不符合要求的消费者，即便出双倍甚至是更多的价格，厂家也不会出售。这样，劳斯莱斯汽车就有效地控制了拥有者的数量，让产品成为极少数人才有资格拥有的高品位奢侈品。这样通过提升购买者的门槛来提升产品的价值，不仅赚足了暴利，更让消费者为了彰显自己的品位而趋之若鹜。

2）为产品注入情感。

当一件冷冰冰的产品被赋予了情感因素之后，就可以打破价格的桎梏，让情感为产品的价值加分。比如为产品起一个更加有亲和力的名字，这样就能够唤起消费者的情感共鸣，进而在潜移默化中提升了产品的价值。

钻石本质上就是由"碳元素"组成的，所以钻石最早的名字叫作"石碳"，但这样的名字很难让人感知到钻石的珍贵与尊贵，也没有哪位女士喜欢每天戴着"碳"出门。后来这个名字就改为"金刚石"，虽然听起来非常刚毅，但对佩戴它的女性来讲，更需要柔美和品味，所以"金刚石"又改为了"钻石"。比如一则广告词"钻石恒久远，一颗永流传"，既赋予爱情像钻石一样珍贵和永恒的含义，又在"润物细无声"的过程中让钻石的价值提升到了一个新的高度。

2.品牌价值

以产品为中心的营销转变为以品牌为中心的营销，可以有效避免产品为中心的价格战给消费者带来的难以接受感。品牌不仅是企业的品牌，同时也是消费者的品牌。消费者往往通过对品牌的体验，从亲身感受中发现产品的附加价值，从而在情感上淡化产品的价格，而是将注意力转移到品牌的价值上。

塑造品牌文化是提升品牌价值的好方法。文化本身是一件产品的灵魂、一个品牌的灵魂，如果品牌没有了文化，那么这个品牌也就只能是以一个"死寂"的状态呈现。但如果能够为品牌打造一个更能体现真情实感的故事，让一个品牌蕴含文化，那么这个品牌则仿佛拥有了更加有内涵、更加充满生机的灵魂，品牌价值自然会得到提升。

星巴克、耐克、香奈儿等品牌的品牌文化溢价远超其他品牌，为什么呢？

以星巴克为例。星巴克创始已久，其在发展过程中形成了一种与众不同的、持久的、具有高附加价值的品牌文化。

星巴克追求的是一种"体验文化"，主要通过轻松、温馨的氛围愉悦消费者，同时，星巴克店内带有一点"小资"情调的文化品味的陈设也吸引并调动了消费者的"小资"情调。

可见星巴克重在塑造轻松与温馨、文化与知识的氛围，而不是单纯地强调咖啡质感，也正是如此，提升了星巴克的品牌价值。

3.服务价值

通过服务提升产品的附加价值，在同类产品竞争中获胜，这也是一种价值促销方式。只有将"服务至上"作为零售企业的服务准则，并严格要求，付诸实践，才能为消费者提供更加安全、便捷、高效的服务，基于这样优质的服务，才能使得产品深得用户的青睐。

基于这样的价值促销组合，零售商可以更精准地定位目标消费者，用更丰富的商品价值促销组合来满足消费者的需求，使得零售商在新零售模式下的经营真正回归到提升服务的本质。

XIN LING SHOU
GE MING

03

重构经营理念：
新零售思维决定消费潮流变革

> 通常，一种潮流的出现都是人为地引领。然而在引领的过程中，思维在其中起到了不可忽视的作用。新零售时代，必将是在新零售思维的驱动下，推开了消费潮流变革的大门。它颠覆的不仅是线上、线下消费者的消费体验，更重要的是重塑了新零售框架下全新的商业模式，真正推动了整个市场经济向前发展。

消费者主权思维：以满足消费者舒适感为中心

零售的本质就是销售产品和服务，消费者除了期待产品的品质之外，还对能否获得实时的购物体验极为关注。无论是售前、售中，还是售后，如果零售企业能够把握消费者主权思维，能够从交易便捷、独特体验、社交分享入手，以满足消费者的消费舒适感为中心，可以在很大程度上提升消费者的购物意愿。

移动支付令购买行为更加便捷

当前，无论是硬件方面的移动智能终端的普及还是软件方面无线网络的全面覆盖，已经从根本上改变了人们的生活方式，"移动式"生活方式已经成为人们日常生活的一种习惯。在这样的环境下，消费者更加趋向于随时随地购物，在移动支付和商品数字化持续发展的推动下，移动支付令消费行为更加便捷。

移动支付是双方借助移动设备，如手机、智能平板等终端设备，实现货币结算，达成双方交易的目的。移动支付主要是通过移动运营商、金融机构、第三方支付机构实现的。

如今，像支付宝、微信支付、QQ钱包等众多互联网巨头都已经开始全面

03 重构经营理念：新零售思维决定消费潮流变革

布局移动支付，与此同时，传统金融领域中的大佬们也都开始转向线下移动支付。早期，人们的支付还只是局限于线下和线上PC端，随着移动互联网的出现，使得支付方式的形式开始增多，尤其是NFC出现之后，移动支付的火热程度更是不言而喻。

目前，在支付宝和微信支付的推动下，我国手机支付在全球遥遥领先，手机银行用户比例增长到了51%，这表明我国正在向无现金社会发展。据统计，2019年初，支付宝在全球的用户数量破10亿人，微信支付凭借其11亿多用户也在移动支付"跑马圈地"，拥有月活跃支付用户11.12亿。有相关调研机构发布预测：到2021年，79.3%的中国智能手机用户使用移动支付。

可见，移动支付对消费者来说更有吸引力，因为它在使用时比现金更快捷、方便、安全，因此受到了广大消费者的青睐。

移动支付在新零售时代的应用，凭借其日益虚拟化、移动化的特点，引发了一系列支付方式的革命，使得整个社会的发展、零售业的经营，都朝着电子支付迈进，也改变了用户的消费习惯。相对纸币携带不便、容易丢失的缺点，移动支付无须担心这些问题，消费者再也不必带着鼓鼓囊囊的钱包出门，只需要在手机上就能完成交易支付。

通常，移动支付在零售业中的应用有以下两种形式（见下图）：

移动支付在零售业中应用的两种形式

1.远程支付

远程支付,顾名思义就是消费者没有到现场与零售商面对面进行交易,而是通过在手机上下载App即可完成各种支付,包括网购、缴费、电影、充值等。

这样,人们可以利用移动终端消费,并且通过第三方平台进行支付,这就是一种非常典型的移动互联网远程支付。

我们经常在一些公交站台、地铁站内发现京东商城、1号店等广告宣传,消费者只要在宣传页中扫描产品下方的二维码标识,就可以在手机上获得这款产品的购买网址、价格等相关信息,用户只需要点击购买,就可以快速完成支付,购买成功之后,就可以由快递送货。对广大上班族来讲,这种远程支付方式让他们的购物方式更加便捷。

2.近场支付

近场支付实际上是消费者在购物结算时,与商户之间面对面地完成支付过程,在进行支付操作过程中,需要借助移动终端(手机、iPad之类的移动设备),通过非接触式受理终端连接本地网络完成支付。这种近场支付方式更加适合线下商超等零售场景。

如今,许多城市的华联超市、物美超市、永辉超市等,都纷纷与微信支付、支付宝等合作,搭上了移动支付的"快车"。

通常,超市收银排队是实体零售行业的主要痛点之一,消费者在结账如用现金,找零会占用很多时间,有时还会出现找错钱等,极大地影响了消费者的购物体验。

针对上述痛点,物美不但与微信支付、支付宝联手合作,提升结算的速度和精准度,而且还与网络电商平台多点联手,共同开发基于手机App的"自由购"和秒付功能,供消费者在线下店铺购物使用,这两大功能彻底解决了超市

03 重构经营理念：新零售思维决定消费潮流变革

收银排队和找零钱的烦恼。通过自由购，消费者可以在手机上自主完成商品的选购、扫条码并进行手机支付结算等整个购物流程，消费者无需再去出口收银处排队结账，从任何一个出入口经过简便的防损检查之后即可离开超市。秒付是另一项重要创新，顾客打开多点App，摇一摇手机，就会弹出支付条码，收银员只要扫一下条码，就可以完成支付流程，这是真正的无感移动支付，大大缩短了收银台结账时间，大幅提升了消费者的购物体验（见下图）。

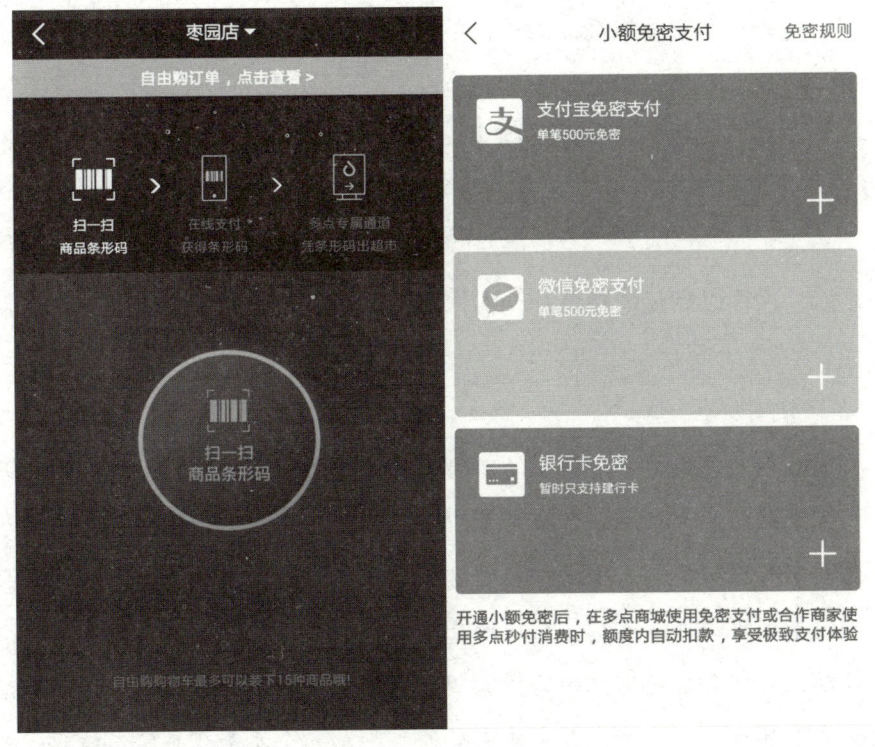

物美线上支付平台界面截图

总之，在移动互联网的推动下，移动终端与无线网络的结合，给消费者带来了更多便利，让消费者获得了前所未有的购物体验。零售商也因为移动支付的应用，提升了市场竞争力。

一切设计以满足消费者社交需求为基础

当消费者获得线下体验之后,感觉良好,自然会激起其自主转发和分享的欲望,这表明零售商客户体验中已初获成功,这个时候,零售商继续要做的就是为消费者设计一个能够满足消费者社交需求,可以进行转发、互动并高效转化现金流的桥梁。

借助社交平台打造会员制是新零售商的一种高效品牌传播策略,让消费者在社交的过程中达到零售商品牌传播的目的。

某时尚品牌线上打造微信会员制之后,线下门店在短短三个月就招募了800多万会员,这是以往十年都难以积累的数量。

显然,这种以满足消费者社交需求为目的的营销方法起到了很好的品牌宣传作用。

北京西单大悦城是一个典型的零售商场,其借助微信平台打造会员制用心良苦。在北京西单大悦城微信公众号中,推出了一则消息,题为"白吃白玩还能白拿?不开玩笑!"。仅这一标题就吸引了很多消费者的目光。进入正文,用户可以看到里边许多好吃、好玩的互动活动,这些让人乐此不疲的能吃、好玩的互动,自然会激起用户的转发欲望,希望身边更多的好友能一同参加。西单大悦城也注重人文情怀,在文章末尾处,附加一个添加会员的二维码,为那些希望成为西单大悦城会员的用户提供了便捷操作功能。

大多数用户在看到这一互动内容之后,会一键将其分享到朋友圈或者微博社区,这样就会有更多的用户得知西单大悦城的这个会员活动,从而为西单大悦城带来更多的会员(见下图)。

03 重构经营理念：新零售思维决定消费潮流变革

西单大悦城公众号主题活动界面截图

所以说，零售企业在经营过程中，要注重消费者思维，借助社交平台社群的精准定位引流，毕竟基于社群的消费群，往往能够在喜好、情感上产生共鸣，有助于零售企业实现精准营销。

融合思维：线上线下共同推进

互联网、移动互联网的发展，使得很多传统的实体店纷纷转向电商，也有不少企业巧妙地与互联网接轨，充分借助互联网的优势，打造互联网思维下的新零售模式。

互联网带给零售业的创新，并没有改变商业的实质，换句话说，零售商在转型过程中，借助融合思维，线上线下共同演进，推动传统零售向新零售的全面升级。

"上门到家"O2O成线上线下深度融合的新宠

新零售领域，不但包括大型购物商超，而且社区小店的消费者也是不容忽视的消费群体。

之前，社区电商零售市场的价值一直被人们所忽略，认为社区居民有限，消费规模也相对有限。但是随着互联网、移动互联网的出现，随着社会的进步，一切都变得更加简单化、方便化，这样就培养了越来越多的"懒人"，他们更希望能够足不出户就买到自己的所需品，这就为很多商家提供了一个商业契机——懒人经济。零售商能够从人们的"懒惰"中挖掘出金子来。"懒人经济"能够创造一个巨大的零售市场，所以吸引了诸多零售商纷纷抓住"懒人经济",从消费者"懒"的特点和心理出发,为消费者提供更多的实用性服务,以满足人们"懒到底"的需求。在这种情况下,社区零售电商也以一种全新的姿态出现在消费者面前。

社区零售电商的主要特点就是让服务"上门到家"。这种社区零售电商的上门到家业务是以O2O的形式存在和发展的。但是这种"上门到家"的O2O与传统的社区O2O还是有一定的区别的,是社区O2O的一种升级。随着业界意识到上门到家与社区之间的紧密关系,以及社区市场受到越来越多的重视,"上门到家"逐渐成为社区市场的一个重要组成部分。

在新零售时代,基于线上线下融合的"上门到家"O2O模式受到零售商的一致青睐。零售商逐渐淡化了电商与线下实体店之间的对立思想,通过两者的深度融合,高效满足消费者的购物需求。同时,零售商还具有非常完善的配送体系,消费者下单后,由实体店负责产品的配送服务,实现真正的"上门到家"。

具体来讲,这种"上门到家"的O2O模式有四种(见下图):

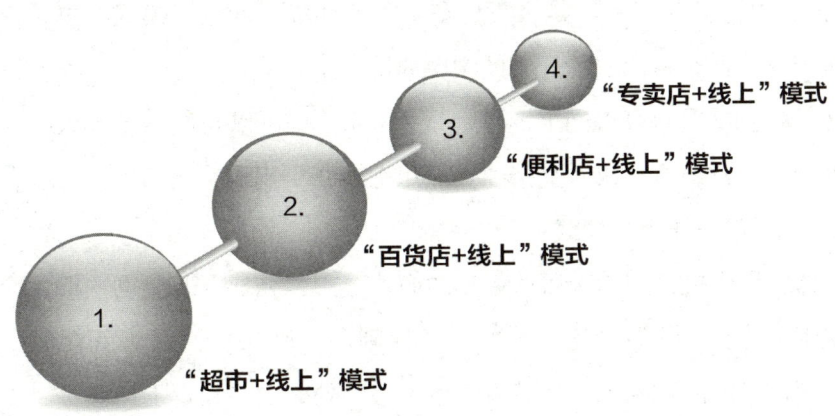

"上门到家"O2O的四种模式

1."超市+线上"模式

利用"超市+线上"模式,超市可以通过打造网上商城、联手电商平台、开展微信营销等方式实现。

永辉超市与京东商城在O2O领域首先开展深度合作，入驻"京东到家"，首次上线的产品主要以生鲜和超市商品为主，商品数量多达1000个。此外还一并推出网络金融服务，打造了更加完善的物流配送体系。

作为合作方，永辉超市凭借其供应链体系结构直采直营的模式，在保证生鲜产品食品安全的前提下为消费者提供品类丰富、食材新鲜的商品；京东到家则利用自己强大的物流优势、售后客服及平台流量整合，为消费者带来更加快速、便捷的购物服务。

这样永辉超市周边的居民足不出户就能在京东到家App平台上购买永辉超市的生鲜产品，还可以享受3公里范围内2小时内送达的便捷服务。

2."百货店+线上"模式

百货店虽然受到电商的冲击，从零售行业中的"骄子"沦为落魄的"弃儿"，所以百货店也在寻求新的运营方法，进行自我突破，以适应新零售的发展趋势。"百货店+线上"是百货店在新零售环境下的全新模式，也是众多百货零售企业从低谷走向业绩好转的主要原因。

百货店可以独立打造网上商城、线上App，也可以与电商企业联手、与社交平台合作运营微店，或者直接建立应用平台，实现送货上门。

3."便利店+线上"模式

便利店往往是距离社区居民最近的商业形态，相比于其他网购形式而言，"便利店+线上"的核心竞争力在于"便利"。因为，便利店就在居民家门口，与超市等的网购相比，消费者可以在最短的时间内获得上门服务，获得更加完美、快捷的购物体验；便利店也可缩小配送范围，加快配送时间，降低配送成本。

作为全球最大的连锁便利店，7-11便利店具有门店分布广，营业面积小，摆放品种多的特点，这就要求其物流配送过程中必须遵循小批量、多批次、高频率、高效率的物流配送原则。为了迎合新零售的发展趋势，7-11便利店也开始走线上线下融合的道路，消费者可以通过7-11便利店的手机App选购自己需要的商品，而7-11便利店则会在30分钟之内完成上门配送服务（见下图）。

7-11便利店的O2O模式

7-11便利店一直采用的是特定区域高密度集中物流配送方案，由一个共同配送中心进行全局指挥，分别在不同的区域统一集货、统一配送。区域划分一般在中心城市商圈附近约35千米，其他地方市场为方圆60千米，各地区建立一个配送中心。配送中心有一个电脑配送系统，分别与供应商以及7-11便利店相连，为保证不断货，配送中心一般会根据以往经验保留4天左右的库存，从而保证能够在预订时间内为消费者送货上门。同时，中心的电脑系统都会定期收到各个店铺发来的库存报告和要货报告，配送中心把这些报告进行集中分析，最后形成一张张向供应商发出的订单，由电脑网络传给供应商，而供应商则会在预订的时间内向中心派送货物，通过这种方式可以帮助7-11便利店应对急速增加的网购。

7-11便利店这一方案每年大概能为7-11便利店节约相当于商品原价10%的费用。

4."专卖店+线上"模式

专卖店实现新零售落地的方法主要是打造网上商城、联手电商企业、借助微信拓展线上渠道等。消费者线上购买产品之后,专卖店自主负责送货上门服务。

苏宁打造的"苏宁易购"就是在新零售潮流下实现成功转型的案例。苏宁易购网上商城吸引了众多消费者,与此同时,苏宁对实体店进行了个性化布局,线上线下"两手抓",取得了很好的效果。

线下体验零售,线上效率零售

新零售其实就是为了重新挖掘或者是重塑线下零售市场,新零售的主要战场在线下,而线上互联网的主要作用就是配合线下新零售模式的探索和发展。在这个过程中,线上引流并不是销售渠道,而是提升整个消费市场零售效率。

只有线上线下相互配合,才能共同创造零售业的增量价值。日本的零售业就是最好的例子。

日本是一个网购非常发达的国家,网购普及率在全世界居于领先地位。在日本,最大的购物网站要数乐天超市,该超市本身就拥有8000多万会员,占到了全日本人口的65%左右。此外,在日本的亚马逊、雅虎的会员人数也都分别超过了2000万。这也就意味着这三家电商的网购会员数量叠加起来已经超过了日本全国的人口,这三家网购平台已经瓜分了整个日本的网购市场。

日本曾经做过一个统计:全国85%的人使用网购,但其中大部分是老人,而不是年轻人。由于年龄增长、体力下降,出门购物对老人来讲颇为不便,这样他们就不得不学会网购。

中国电商往往会打造一些狂购节,如"双11"、年中大促等,而日本却不需要其商家优惠和促销天天都有，打折优惠一般是实打实的，会把商品在各个百货商店的价格标清楚，然后再公布自己的销售价格，这样消费者可以对线下和线上的价格进行比较，一目了然。日本电商网站对商品价格有这样一项政策，一旦消费者发现在其他地方的网站或百货商店、超市等同一产品比这里的价格便宜，只要拍下图，这个网站就会用同样的价格把商品卖给消费者。

可见，日本的商超、百货等在线上为了提升零售效率也是下足了功夫。当然，对那些年轻的消费者而言，日本的零售商超等也十分注重他们的线下体验。很多年轻消费者在线上看到一款心仪的产品之后，不知道产品的品质、性能如何，线下体验店很好地解决了消费者的这些顾虑。比如在日本的化妆品店，不但有线上网购"专列"，还在专门开辟的体验区，专门为消费者提供现场化妆体验，深受广大消费者的喜爱。

在日本，并不是将网购当作线下百货、商超的竞争对手，而是合作者和受益者，这种将线下体验销售、线上效率销售完美结合，通过互助合作、趋势而行、主动出击的办法，完成了零售业的华丽转身。

跨界思维：跨界混搭掀起新零售红利浪潮

随着人们消费心态的日益成熟，越来越多的零售商家开始玩起了跨界经营，实体商场中的"混搭"成为一种流行元素，体验式消费占据越来越重要的位置。

跨界混搭开启新零售消费升级新时代

按照IT界中的著名摩尔定律，同等面积的集成电路上可容纳的元件数目约每隔18~24个月便会增加一倍，我们同样可以把这个原理应用于描述新零售跨界混搭急剧增长的现象中，即在当前市场容量不变的情况下，一定周期内，跨界业态将以翻倍的速度剧增。如今，这种跨界混搭的新零售业态正在不断涌现。

跨界混搭在零售业中骤增，势必会给消费者带来全新的消费升级体验，原因有两点（见下图）：

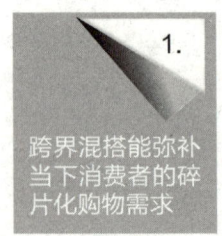 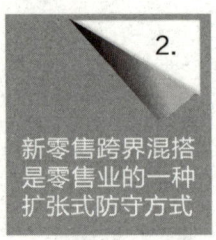

跨界混搭给消费者带来全新消费升级的原因

1.跨界混搭能弥补当下消费者的碎片化购物需求

当前零售店面临客流量下滑的窘境，但事实上我国人口总量是在增长的，消费基数按理也是增长的；加之电商对实体店的冲击逐渐趋缓，甚至已经开始主动向线下引流，那么实体店为何客流量还会下滑？关键就在于现代社会随着互联网的普及，人们除了必要的工作或者学习时间外，其余大部分时间被碎片化，尤其是购物时间碎片化将消费者的消费行为进行了分化，传统的业态已经不能满足消费者的碎片化购物需求，而跨界混搭的新零售业态则弥补了这一空白。

2.跨界混搭是新零售业的一种扩张式防守方式

近几年，经常能够看到一些有关新成立的零售店"倒闭"和被收购的消息，这些都证明传统业态的生命周期越来越短，或许只有三五年就走到了"尾声"。

所以，新零售跨界混搭风潮的兴起，并不是零售商灵光乍现做出的经营决策，而是出于自身安全需要进行的扩张式防守。跨界混搭的新零售业态下，零售商构建联盟体系，互利共生，有效延长了共同的生命周期，同时也延长了红利期，实现了共同利益的最大化。

可以说，零售业跨界混搭是消费升级背景下传统零售商掀起的一场"圈地运动"，即以创新业态为藩篱，重新圈住消费者，重塑实体店价值，让实体店利润实现最大化。

同业集合店玩跨界，引领新零售风潮

当下，集合店作为一种新潮，正成为新零售时代深受消费者青睐的营销模式。有别于以往零售商在市场竞争中单枪匹马的模式，集合店跨界合作成为新零售领域的一种创新模式，多采用两种形式（见下图）。

同业集合店跨界的两种形式

1.同品牌旗下同品类子品牌跨界，放入同一家店内销售

品牌旗下同品类子品牌放入同一家店内销售实现跨界的营销方式，是将同品牌旗下相同品类的产品集合在一起进行销售。这种跨界零售基于市场变化，关闭那些业绩不佳的门店，或对原有门店进行合并升级，相比于以往的单店模式，这种子品牌集合销售业态有以下优点：首先，在内容上有效提升了货品的丰富度，同时也为销售场景的布局提供了更多便利。其次，同品牌旗下的子品牌合用店面，能够分摊租金压力，成本减少。另外，很大程度上增大了消费者选择的空间，延长了消费者停留的时间，有助于提升销量。

国内知名服装品牌江南布衣就率先试水集合店的新零售模式，将首家面积接近500平方米的"江南布衣+"开在了杭州一家银泰城，店内集合了旗下的诸多子品牌，如高端女装LESS、男装速写、女装JNBY、悖论集、JNBYHOME这5大品牌。其中JNBYHOME在杭州是首次入驻江南布衣集合店。这样一方面可以借此打响江南布衣子品牌的知名度，毕竟很多消费者对速写和LESS两个品牌还不了解。向来注重"粉丝经济"的江南布衣自然不会错过这个提升子品牌知名度的机会，以此推广旗下品牌，帮助其更好地成长。

基于这种集合店的模式，但凡那些喜欢江南布衣女装的女士，在逛江南布衣服装店的时候，一般也会为其丈夫选择速写的服装，而他们的孩子，则会购买江南布衣的童装系列。这样一来，不但没有给消费者造成冲突，反而节省了他们在购物上所花费的时间成本。这完全看得出江南布衣在向新零售靠拢过程中的良苦用心。

江南布衣公布的2019年上半财年的报告数据显示：截至2018年12月31日，江南布衣拥有的会员账户数（去重）超过310万个，相比半年前的250万个增加了60万个。其中微信账户数逾260万个，相比半年前增加了50万个。2018年，江南布衣的活跃会员账户数超过39.5万个，18.2万个会员账户购买总额超过人民币5000元，消费零售额亦达到人民币21.7亿元，贡献了超过四成的线下渠道零售总额。

江南布衣凭借其跨界玩法，为自身赢得了巨大的流量和销售额，可以说是玩转品牌跨界的典范。

2.不同零售百货商跨界聚集

不同零售百货商跨界合作，也是新零售时代的一种新潮流、新趋势。虽然在传统营销模式下，不同的零售百货之间只是一种竞争关系，但是在新零售时代，这种关系在跨界聚集的基础上发生了改变，各零售百货商之间相互合作，开创了互利共赢的新局面。

说起传统零售商，人们可能联想到银泰百货、金鹰百货、太平洋百货、百盛等，很少会有人联想到三胞集团。三胞集团最为人知的可能是宏图三胞IT零售，虽不能与苏宁、国美等相比，但宏图三胞作为三胞集团零售板块，最让投资者关注的是其低调运作的商圈网。商圈网最初是由三胞集团发起的，其股东包括雨润集团、金鹰集团、德基集团、南京新百等，这些虽然是三胞集团的竞争对手，但它们却在电商领域联手。

三胞集团是一直被大家忽视的隐性零售大佬，他们的思路其实和阿里巴巴很类似，从金融端到实体端都有布局。当人们都感觉到电商冲击了实体零售店时,却忽略了二者也能协同发展,实现共赢。三胞系和金鹰集团、百盛等合作,就是看到了即便大家在实体领域有竞争,但在电商领域却可以借利益共享、虚实结合的合作达到规模效应获得共赢。

三胞集团这种不同零售百货商跨界合作模式,可以说是零售界的一种创新,也是新零售革命中的"一股清流"。

异业跨界联盟,共生赢未来

随着市场经济的不断发展,许多企业为了能够更好地扩大自己的市场,赢得更多的利润,催生了新零售的异业联盟。在异业联盟下,各零售企业彼此之间实现资源信息共享,相互之间取长补短,大家联合起来干大事,让商圈更有影响力,实现了多方的互利共赢。

近年来,零售业发展的过程中"混搭"现象更加明显,零售企业的跨界加速涌现。从最早引进咖啡吧动漫图书等潮流业态,到如今图书、游戏、文创项目与零售业商超的跨界融合,再到诸如超级物种、盒马生鲜等"超市+餐饮"模式的推陈出新,可以看得出异业联盟的跨界经营正以一种全新的方式深入人心。

由此可见,这种异业联盟的跨界思维为各零售商带来了切实的利益,同时也为消费者带来了更加完美的消费体验。那么异业联盟如何实现共生共赢呢?目前主要有两种方式(见下图)。

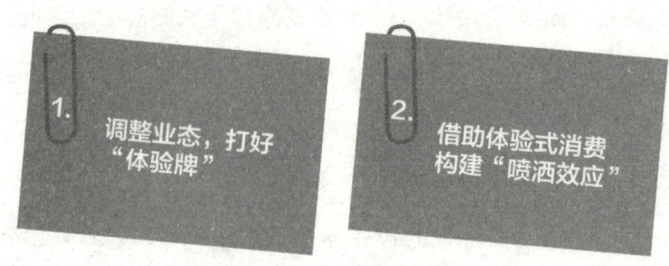

异业联盟实现共生共赢的方式

1. 调整业态，打好"体验牌"

过去，很多零售商为了节约成本、增加专业性，通常会选择销售专一的产品。但是随着零售业的发展，那些只销售专一产品的零售商会发现销售过程中存在一些瓶颈，于是不得不寻找更加有效的解决方案来构建新的业态形式。

通过扩大经营业务扩展利润点、提供更多的体验式服务，可以为商铺带来一个新的转折点。因为实体店比起电商而言，最大的优势在于能够为消费者带来体验式感受。如果消费者是奔着吃喝玩乐而来百货商店的，购物则是顺便的事情，他们更加愿意为体验、环境、情感和服务买单，这正是新零售时代的一种消费趋势。

所以零售商可以打出"体验牌"，调整业态，从传统销售专一的产品，改变为异业跨界联盟，与更多的休闲、娱乐、餐饮等商户联盟，透过轻松愉悦的购物环境，实现对客流的重新聚集。

2. 借助体验式消费构建"喷洒效应"

如今越来越多的购物中心更加注重以消费者为中心的营销理念，在购物中心内聚集了特色餐厅、电影院、购物超市、游戏娱乐厅、溜冰场等一系列消费场景。餐饮业是为逛累的人歇脚和饮食所准备的，购物超市是为了满足消费者购物需求而设置的，电影院是为了让消费者娱乐消费而搭建的……所有的这些异业联盟商聚在一起都是为了最大限度地吸引消费者，尤其是"餐饮+"，更成为异业联盟中最具吸引力的业态。

这种消费者就餐地点的转移现象，必将引起餐饮业消费场景的变革，所以越来越多的购物中心正在用餐饮或电影异业联盟打造体验式消费，并以此拉动购物中心零售的客流和销量。之所以把餐饮或电影等安置在购物中心较高的楼层，是为了形成"喷洒式效应"，即用餐或电影结束时，人们可以在下楼时顺便进入服装百货等楼层"消遣"和"消食"。为了让体验式消费扩大化，很多购物中心都在商场布局结构的设计上煞费苦心，让上下楼的路线尽可能覆盖更多的商品。

尖叫思维：打造极致产品营销策略，让消费者尖叫

未来零售商作为产品的"搬运工"，与消费者能够近距离交流，能够真正走进消费者心里，感受消费者最真实需求，可以说是站在了满足和引导消费者产生消费行为的最前端。零售商在随时随地地掌握消费者的痛点的基础上，需要注重产品营销策略的打造，运用尖叫思维，想方设法为消费者需求匹配更加契合的产品，以满足其个性化需求。

当消费者对提供的服务感到非常满意，并触碰到让其尖叫的痛点时，也就是勾起了其购买欲，成功提升了销量。

打造极致的产品卖点策略

产品有多个层面：产品特征—产品功能—产品利益—产品价值，一般来说，越是靠近产品特征一端，则越能体现产品的特色；越是靠近产品价值层面，则产品的特性就越弱。随着技术的进步，产品在消费者心中只有一个核心价值——便捷。

如今，产品严重同质化，在产品品质、功能等几近雷同的情况下，零售商想要吸引消费者的注意，在夹缝中求生存，并能分得一杯羹，就需要对产品卖点策略进行创新。

按照美国罗瑟·里夫斯提出的USP理论，即要求向消费者说出一个"独特的销售主张"。换句话来讲，就是消费者是绝对理性的，消费者在不断寻求最大的边际利益，而零售商如果想要满足消费者的这种边际利益，就需要从靠近产品特征端寻求产品的差异点来制胜。这样才能后来者居上，赢得消费者芳心，让消费者为尖叫买单。

那么打造极致的产品卖点策略应当从哪些方面入手呢？

目前通常有两种形式（见下图）：

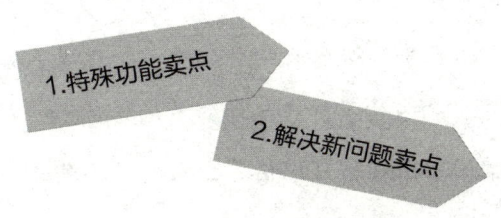

打造极致产品卖点的两个策略

1.特殊功能卖点

寻求产品的差异点来取胜，在一个品牌的初期，是不错的产品卖点策略，这就类似于两个陌生人交易，在互不信任的基础上，要想达成交易，没有其他凭借，只能通过"硬性"的、"显性"的利益来达成。产品的特殊功能，往往是凸显产品差异化的最佳切入点，可以让消费者为这种超越其他同类产品功能的巨大差异化而尖叫不已。

广州立白企业集团有限公司近几年的发展可谓风生水起，如今已经拥有6个全资生产基地、20家OEM工厂和12个配送中心，尤其在产品方面有很大发展，旗下有衣物洗涤类、衣物护理类、个人护理类、口腔清洁类、家具清洁类、纸品类、消毒杀虫类等7大类100多个品种的系列产品。

立白总能够在强调功能的基础上，通过各种卖点来满足消费者的诉求，并以此成为赢得市场的重要筹码。"不伤手"概念，是立白首次提出来的，这就是一个典型的基于产品功能差别的概念。在当时以产品功能为导向的时代，立白用USP理论进行逆向思考，给那些不曾意识或意识不强的家庭主妇提了个醒，即在洗衣、刷碗的过程中提醒家庭主妇注意双手的保护，同时也借助这一概念很好地给了市场中所有竞品强烈的打击。于是立白也借助这个概念第一次打造了一种"警告式卖点"，而且也不可能有其他竞争对手再次在"不伤手"的概念上做文章，由此确立了立白独一无二的产品功能特性，使得立白在同类产品中的销量也遥遥领先。

后来，立白的"不伤手"概念又延伸到个人护理类、家居清洁类、消毒杀虫等产品，由此确立了"不伤手"产品功能类的定位。

这是个成功的案例。零售商可以借鉴立白的"不伤手"概念作为产品卖点策略。

零售商可以通过"不伤手"的产品特殊功能属性，不只是向消费者展示产品的独特属性，因为洗衣粉、洗洁精类产品的核心利益就是在清洗上，这使所有的竞品也都具备这种产品应有利益。而"不伤手"属于产品的附加利益，通过这个附加利益却能形成强大的购买理由，其中最重要的一点是，这个附加利益是"双刃剑"，在诉求自身利益的同时，又否定并暗示了竞品产品的"伤手"诉求。

2.解决新问题卖点

很多时候，我们发现很难找到产品的独特功能、产品利益卖点，这时候零售商如果还想从产品的特殊功能卖点出发寻找营销策略，那么解决之道就在产品之外，而并不在产品本身。

消费者对产品的诉求永远处于一个变化的状态，会随着时间、心情、环境等的推移和改变而发生变化。所以，零售商需要寻找更新的方法来解决消费者诉求中的新问题，才能为产品创造出更加抢眼的卖点。

广州市合生元生物制品有限公司的产品主要是以提高儿童免疫力的益生菌类保健产品为主。益生菌的概念是一个生化概念，零售商如果要想借助"益生菌"这个新概念吸引消费者对合生元的关注，其实就是对自身的营销能力进行的一种考验。

通常，宝宝生病可以吃药治疗，但当宝宝反复生病的时候，家长们往往显得无计可施，这恰好让合生元找到了产品卖点，即用"解决反复生病"的卖点，让家长们通过"反复生病"更加了解"免疫断层期"的意义，让一种抽象的概念成为"看得见、摸得着"，从而很好地避免了出现"向目标群宣传一种'看不见'的产品，去解决一种'看不见'的问题"的尴尬局面。

这样当宝宝出现"反复生病"的问题时，家长们就会在第一时间想到合生元，并为合生元能够帮助其解决原本束手无策的"痛点"诉求而尖叫不已。

产品价格策略制定要慎重

产品价格是用户价值的体现，制定产品价格策略既是一种"艺术"，也是一种高风险的"赌博"。

零售商在用产品与消费者进行价值交换的时候，要尽可能兼顾到零售商和消费者两方面的利益，这样就需要为产品制定一个更加科学、合理的价格策略。然而，这种科学、合理的价格策略的制定，需要遵循一个原则：价格应当处于消费者愿意支付的价格和产品成本或进价之间。

基于这个原则，通常可以采用以下两种产品价格策略（见下图）：

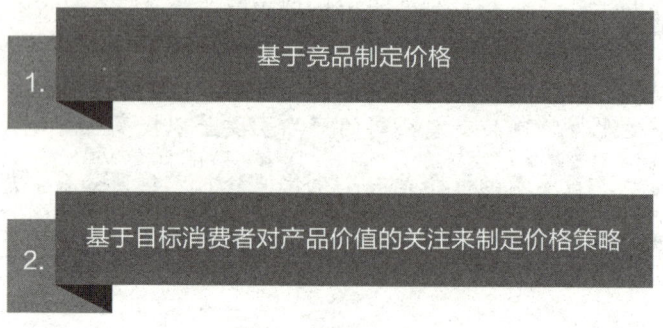

产品价格策略制定的思路

1.基于竞品制定价格

基于竞品制定价格的策略实际上是很多新品常用的一种思路,因为这种价格策略的制定可以将竞品拿来做参考,制定的时候比较简单,而且还具有"风险小"的特点。

如果零售商制定和竞争对手一样的价格策略,因为竞争对手的价格策略已经在市场销售过程中经历过时间的考验,这就意味着你如果用相同的价格策略,能够接受这个价格策略的消费者已经具备了一定的规模,可有效降低价格策略的风险。

有一家零售商,在制定产品价格策略的时候,就是采用这种"跟随"战略,无论竞争对手同一商品定出的价格是多少,这家零售商的产品价格都要比"跟随"的竞争对手价格要低一元。其实这一元差异更多的是象征意义,其目的是要告诉消费者,自己和竞争对手之间没有任何实质性差距,但通过这一元的价差却能够让消费者心动,勾起消费者购买的欲望。

2.基于目标消费者对产品价值的关注来制定价格策略

很多零售商认为制定价格策略的目的就是为了获取更多的利润,这一观点是没有问题的。但如果将产品价格定得严重超过消费者预期,那么消费者自然会认为你的产品不具备高性价比,自然不会买单。

对零售商而言,无论是对产品成本、进价还是对消费者所能够接受的价格,都需要寻找参照物才能制定得更加合理。因此,零售商在制定价格时,往往是比较"烧脑"的。但是对消费者而言,他们却不会有零售商这样的想法,因为对他们而言,他们只会站在自身利益的基础上来思考价格的合理性。换句话说,他们只有感觉产品物有所值,甚至是物超所值的时候才会认为自己"占了大便宜",才会为这样的价格尖叫,进而产生购买行为。

1)价格拆分。

从心理学角度来讲,一个人对较不重要的事更容易做出决定。也就是说,当一个人在面对较不重要的决定时,一般能够更加容易地做出肯定的反应。零售商在制定产品价格策略的过程中,完全可以充分利用这种心理学原理,将产品的整体销售价格进行化整为零的操作,并经过一步步推理和计算,借助最小单位的价格,告知客户其实产品的价格是相当划算的,甚至让客户觉得自己花了小钱却办了大事。这样客户才会产生一种数字上的"错觉",促成成交。

这种价格策略往往对那些价格比较贵的单品来说是比较合适的,如金银首饰、茗品茶业等,以斤为单位的售价对广大消费者来讲的确是昂贵,所以可以考虑以"两"为单位出售。

2)以价值为导向制定价格。

这种方法在零售商中用到的几率比较少,通常那些价格高昂的奢侈品才会使用这种方法。这种以价值为导向的价格策略实际上是以这件产品能够给消费者带来多少价值来定价的。关于这一点,在前文中已经有过相关介绍,此处不再赘述。

打造极致的用户体验

新零售所面对的是大众消费市场,所以,无论线上消费者还是线下消费者，都是新零售的客户。能够让用户尖叫的，是零售商主动向消费者提供的极致服务体验。

从传统意义上讲，零售企业对待消费者时，往往是持有一种被动的态度。消费者进入商超、百货店时，营业员不会主动询问消费者的需求，更不会主动为消费者提供可能需要的帮助，或者超过产品附加服务的其他服务。所以这样就让消费者降低了购物欲望，不利于零售业的发展。

当然，也有很多消费者选择线上平台购物，但线上购物的最大问题是，很难获得超预期的服务体验。

新零售时代，线上与线下的深度融合，使得消费者能够在线下实体店购物时能享受到线上所享受不到的服务体验。

打造极致的用户体验以满足舒适的消费体验为中心，所以零售商除了为消费者提供与产品的售前、售中、售后相关的服务之外，还需要通过细致入微的观察，发现消费者在其他方面的需求，这些需求虽然与产品无直接关联，却是其当下的"急需"，针对"急需"为消费者打造能够带来更加超出消费者心理预期的极致体验服务。

这种新零售下的为消费者所提供的体验服务，是与传统的"卖货"思维模式有很大区别的，更有利于提升零售企业和品牌的形象。

比如，恰逢遇到下雨天，消费者进店的时候，实体店营业员观察消费者手中并没有带雨伞、雨衣等雨具，且头发、衣服都被淋湿了，此时，如果为消费者奉上毛巾，让消费者擦干头发，消费者自然会被这种脱离了产品的服务体验所感动。当消费者完成购物准备离店的时候，如果营业员再赠送消费者一把雨伞，则更能温暖消费者的心，从而将这种超越买卖、利益的情感铭记于心，为这种超预期的服务而感动不已。当下次有相关需求的时候，自然会第一个想到这家店铺。

此外，店铺内还为消费者留有存放物品的地方；给消费者提供可以坐下来休息的地方，甚至是哺乳间……在消费者还没有开口说出需求的时候，就已经凭借细致观察，为消费者提供能够满足需求的服务。

总之，零售商所提供的这些细节性超预期服务给消费者带来了惊喜，能够给消费者心理上带来极大的满足感，进而提升其体验的满意度和对零售商的信赖和认可度，通过口碑效应，帮助零售商赢得更多的忠实消费者。当然，消费者能够获得的这种服务体验时间越长，对零售商来讲则越成功，因为这是对消费者精神层面的绑定，也是很多品牌零售商一直在努力的方向。

情感营销：回归感性消费

如今，人们希望被关注、被尊重、被关怀，更希望自己能够有归属感，这一点已经影响到人们的消费行为。人们消费已经不仅仅局限于产品，更多的是要满足自我情感需求。

零售商针对消费者的这种消费理念，可以为消费者打造更加有归属感的情感体验，从情感营销入手打动消费者，使得营销变得充满温情，与消费者之间的距离更近，从而换来消费者的忠诚度，带来更大的收益。

对零售商而言，其营销活动中如果缺乏一定的"直觉"和"情感"，则营销工作将变得毫无生气。营销最重要的就是需要把品牌的内涵转化为情感，让消费者爱上产品，产生最终的购买行为。这一点在新零售时代更加明显。

在新零售时代，"顾客是上帝"的内涵更加凸显，消费者无论男女老少都是在凭借主观情感进行消费，希望享受购物过程，更加注重购物时的情感体验和人际沟通，在这种情况下，基于消费者个人情感体验而产生消费行为。这种消费行为将个人心理满足、个性实现、精神愉悦与购物过程融为一体。消费者更加重视商品所蕴含的"情感价值"，而产品本身的"机能价值"次之。所以，情感营销才是新零售时代零售商理解消费者的最好方式。

03 重构经营理念：新零售思维决定消费潮流变革

引领时尚消费

情感性消费是指顾客在产品和服务的消费过程中产生的一系列情感反应。消费者的情感在一定程度上会影响消费者的认知过程，即积极的情感有利于消费者对商品和服务产生良好的认知，促进购买。在当前消费者日益注重体现自我个性化、差异化的时代，零售商只有将销售方式与消费者的自我个性或理性状态相吻合来引领整个时尚消费，用时尚元素来构筑情感消费的魅力，才可以很好地吸引消费者的眼球，达到营销的目的。

例如，天猫"双11"最初就是在"光棍节"这一年轻、时尚元素的基础上逐渐演变而成的。然而，随着每年"双11"活动的持续进行，"双11"已经在广大消费者心中逐渐从最初的情感消费演变成为一种消费习惯。

与情感性消费者"零距离接触"

过去，消费者除了知道有某个品牌，能够在电视上看到这个牌子的广告，几乎与零售商之间没有任何接触和互动。换句话说，零售商与消费者之间就是一种简单的买卖关系，零售商只要把产品和售后服务做好就可以了，不会掺杂任何情感色彩。

然而，如今的商业是供过于求、物质极度饱和的时代，竞争比过去更加激烈。零售业在电子商务的冲击下受到了重创，如果依然只用产品和服务来拉拢消费者，则很难获得成效。与情感性消费者"零距离接触"，通过双方互动挖掘消费者的情感诉求，并在营销的各个环节设计中融入更多的情感，从而激发消费者对零售商产生信任感，对产品产生强烈的认同感，自然会在零售商这里形成持续性消费。

广告中插入情感诉求因素

传统零售时代,产品广告设计往往只注重产品和服务本身。而新零售环境下的情感性消费中,以情感人。在广告设计中,通常将情感包装、情感促销、情感口碑、情感设计等策略融入其中,在品牌策划以及营销广告中插入对消费者的情感诉求,从而唤起消费者对产品和品牌的认同。这些情感诉求因素包括爱情、亲情、友情、时尚、流行、自豪感、自尊感、归属感、成就感等,一旦广告内容能够触及消费者某一层面的情感,则可以引起消费者共鸣,达成情感性消费行为(见下图)。

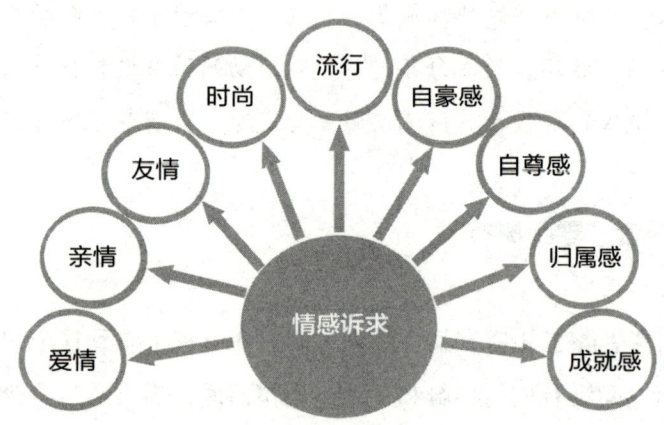

广告中的情感诉求因素

伊利与网易合作,推出了"热杯牛奶,温暖你爱的人"的主题广告,借助暖意打通了寒冷的冬日。在网易新闻客户端,广告以H5页面的形式,主打温暖视觉以及手掌互动。为吸引消费者互动,在开屏的时候就呈现出一幅布满了霜花的玻璃窗画面,就像冬日里在窗上涂鸦一样,只要用户擦擦屏幕,暖心的文字就立刻浮现,从而营造了一种极为温馨的氛围。随后的手掌互动中,则进一步给消费者带来了"温暖"的体验。消费者只需要将手掌贴在屏幕上,利用手机屏幕的感应,牛奶就被"加热",热气腾腾的牛奶就通过屏幕呈现在消费者面前。为了扩大传播，活动中还设置了分享朋友圈、邀请好友一起加热的环节，借助"一杯牛奶"就可以用"暖意"激发消费者为爱而传递品牌的动力。

这种"为爱热牛奶"的广告方式即是将"爱情"这一情感诉求融入到广告内容当中，并通过让消费者参与互动和分享的方式，扩大品牌传播的影响力和速度，这样的情感性消费广告更具有持续的"传递"效果。

XIN LING SHOU
GE MING

04
重构企业信息技术：
用新技术带来零售创新体验

当我们回顾零售业的传统竞争格局时，不难发现，商品同质化、价格大战、成本领先成为竞争格局中的焦点。但新一轮技术革命正在为零售商带来新思路，移动互联网、人工智能、大数据技术、VR技术、3D技术的应用正在为零售业带来全新的体验，在不断提升客户回头率和转化率的基础上，更注重强调服务增值，从而为零售业带来了全新的盈利点。

移动互联网：变革的互联与交互，改变传统购物方式

几年来，移动互联网的蓬勃发展给传统零售业带来了巨大的挑战和全新的机遇。随着3G、4G等移动通信技术的发展，随身化、便捷化、智能化已成为大势所趋，尤其是移动端App改变了传统的购物方式，使零售业走向欣欣向荣的新零售时代。

移动端App随时随地感受全新消费体验

随着信息技术的发展，移动互联网应用作为新秀蓬勃发展。2017年被称为新零售元年，在这一年里，移动互联网的应用爆发式增长，尤其是在零售业领域，向平台化和垂直化双向发展。

在这个以流量论英雄的新零售时代，谁能够牢牢把握住流量入口，谁将拥有强大的市场竞争力。移动端App成为移动互联网在新零售领域的主要发力点，并成为圈住流量的主要入口，让零售商能够抓住更多的用户。而消费者则更加习惯于用移动端App随时随地获得更加快速的全新消费体验。因此，无论是零售商还是消费者，在借助移动端App满足自身利益需求的方面不谋而合。

移动端App之所以能够成为新零售时代的最佳运营工具，主要原因如下（见下图）：

04 重构企业信息技术：用新技术带来零售创新体验

移动端App成为新零售时代最佳运营工具的原因

1.移动终端设备的普及

移动终端设备的普及和应用，使得移动设备已经成为人们日常生活中社交、购物、工作不可或缺的工具。再加上移动终端设备本身具有体积小、易携带、可移动、运行快的特点，使用更加便捷。

2.移动电商App的美观性

传统的电商交易和移动电商交易，是在不同的硬件终端上进行的，不同的终端给用户带来的使用体验则完全不同。移动电商App的设计则完全符合移动终端用户的视觉习惯，针对人们能够接受的最佳视觉体验，使屏幕和分辨率的大小和比例完全符合消费者对视觉美感方面的需求。

3.满足随时随地的购物需求

对那些上班族，因为工作忙碌，没有办法抽出更多的时间去线下实体店选购，也没有更多的时间在PC端购物，而移动设备终端的电商App则可以让上班族利用碎片化时间随时随地下单。

例如，上班族在下班路上的候车时间，利用电商App选购好晚饭食材，等到他们下班回到家时，其订购的商品也会在事先约定好的配送时间送上门，这样既省事又新鲜，可以身心愉悦地享受美味晚餐和美好生活。

视频直播让门店直播成为一种全新的购物体验

新零售大势已至，门店零售迎来了新的发展机遇。传统零售模式存在很多漏洞，让传统的渠道建设成本居高不下，同时也让产品的流通效率难以提升，因此很难为零售店带来更多的收益。

几年来，随着各直播平台如雨后春笋般层出不穷，无论是企业还是个人，都利用直播平台各显神通，上演了一场激烈的"百播大战"。尤其是很多零售业"大佬"在这个人人都可以做直播的时代，纷纷杀入直播领域，持续加大投资力度，同时，通过线上线下不断进行自我包装和宣传，一种以门店直播带动新零售营销的全新购物体验方式成为新零售领域的一大亮点。

那么新零售时代，零售商是如何借助视频直播给消费者带来全新购物体验的呢？

主要有四种方法（见下图）：

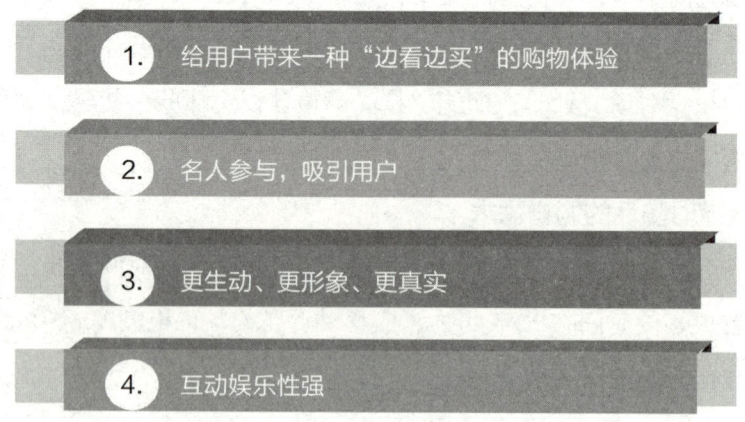

借助视频直播带来全新购物体验的方法

04 重构企业信息技术：用新技术带来零售创新体验

1.给用户带来一种"边看边买"的购物体验

这种线下门店视频直播，线上消费者"边看边买"的全新购物方式，无疑给消费者带来了一种不一样的享受和体验，即便是用户在没有退出直播的情况下也可以对主播推荐的产品下单。这种方式毫无疑问通过线下直播方式为线上引流，从而在增加观众基数的基础上提升消费转化率，有效提升了销量。

修丽可作为美国殿堂级的药妆护肤品牌，在开业当天用一种"网红+直播"的新玩法，上演了线下实体店开业，线上人人刷爆朋友圈的情景。

在线下实体店直播的过程中，不仅有高颜值的"模特天团"参与直播，还有各路网红女神现场直播，更有知名DJ现场助阵。如此高调的开业盛况，吸引了不少消费者。凭借这种门店直播的方式，在修丽可开业当天，仅线上就吸引了高达数万人的"粉丝"围观开业现场直播，并且当天的产品销售额也是一个惊人的数字。

修丽可用这种门店直播的方式，让每一位线上线下的观众被"种草"，达到了品牌二次传播的效果。在这个口碑为王的时代，新生代消费群体的直播购物方式在社交平台上很广泛，成功完成了品牌的二次传播。

2.名人参与，吸引用户

很多零售商为了增强对消费者的吸引力，会邀请明星前来助阵门店直播，一方面线下门店吸引了众多追星族的"捧场"，另一方面也加强了线上观众热情互动。这样，在明星效应的驱动下，双管齐下，通过明星的强大知名度来提升潜在消费者对店铺的关注度，进而在明星的引导下促使消费转化率的进一步提升。

零售集团友阿跨境电商平台联手小红帽娱乐推出了全国首创商场名人直播秀——"要能的，我们都友阿"。

在活动当天，友阿聘请了6位名人作为特派购物体验员，赶到友阿旗下的6大门店进行现场直播。同时各个门店的员工也参与到直播当中，各个品牌也参与其中，通过直播介绍品牌活动和特色商品。该场直播由一个主场直播和六个分场直播共同构成，各个门店全民参与，在映客、花椒、一直播等多个直播平台同步进行，用户可以根据自己喜欢或感兴趣的内容选择观看平台和会场。

这6位名人主播分别为用户介绍友阿各个门店的好玩的产品以及优惠政策等内容。门店员工主播则充当线上用户的导购，通过点对点的方式引导用户认识、了解各种品牌的特色和优势，从而激发他们的购物热情。在直播开播连续两个小时里，线上线下用户购物情绪持续高涨。

"直播+电商"的零售模式已经不再是新鲜事，然而友阿集团的这种实体店"名人直播+全民直播+购物"的新零售模式则是对传统零售模式的一种突破和创新。

3.更生动、更形象、更真实

传统的电商购物，往往是一种平面式的页面产品选择，这种网购方式往往给人一种看不见实物、不清楚使用或穿着效果的单调感，只能凭借购物评论和销量来衡量商品的质量。而单纯的线下实体店营销，却失去了庞大的线上消费群，销量势必上不去。

新零售的门店视频直播将线上和线下有效地结合起来，使视频直播成为一种创新营销手段。借助直播，能够使得线上静止的图片和文字以画面的形式动起来，能够更加生动、形象、立体地展现产品的真实情况。消费者不但可以足不出户购买到自己喜欢的产品，而且还可以根据直播内容中的产品介绍、产品使用展示、特点优势等判断自己需选择什么类型、什么功能的产品。

4.互动娱乐性强

为了能够让视频直播这种购物形式更加具有娱乐性，零售商往往会在直播过程中增加互动环节，人们对游戏等娱乐通常是不会拒绝的，这样就很好地提升了线上、线下观众的参与热情，在消费者玩儿得尽兴的时候切入主题，引导消费者产生购买行为。

可见，直播为门店品牌的流量保驾护航，甚至成了门店品牌打开营销的新手段，也使得门店直播成为新零售时代一种非常重要的营销方式。

智能化：引领无人服务时代

当前，AI（人工智能）已经取得了突破性进展，在这样的契机下，零售业也迎来了自己的春天——新零售时代。

马云第一次提出"新零售"概念时，就认为未来不会有纯电商的存在，只有新零售。如今，电商巨头亚马逊宣布打造了"即拿即走"无人化超市，京东开设了无人便利店等，这些都已经在向人们预示着AI在新零售模式下将引领无人零售时代，为零售业带来全新的面貌。可以预见，现在及未来，AI在新零售领域一定会产生极为巨大的影响。

未来，通过打通线上线下、AI赋能和深度体验的场景构建，整合设计、供应链、物流、安装等服务，可以为消费者提供极致便利的购物体验。无人化、智能化是零售业发展的新趋势，而AI将成为实现新零售的解决方案。

构建线下智慧场景：卖的是一种"洒脱"

在当下全民消费升级的大背景下，消费者的需求不断提升。为了能够更好地服务市场，向新零售成功转型，就必须利用互联网优势并将线上线下相结合，打造智慧的消费场景。这是新零售时代零售业发展的一种必然方向。

用户的消费升级推动了新零售的出现，新零售只有符合消费者对产品品质、个性化设计、优质体验等多方面的需求，才能持续生存和发展。因为，虽然消费者用价格交换到手的是产品，但消费者并不希望自己的花销只换来了手中的产品，而是希望在换来产品的同时，还能获得更加符合心理期待的消费体验。而这种体验在很大程度上是从消费场景中产生的。换句话说，能够促使消费者做出消费决定的消费场景具有至关重要的作用。

智慧场景则可以通过互联网技术对传统场景进行改造升级，将现代化信息技术的应用融入其中，提高消费场景的智能化水平，使新型的智慧场景更具渲染力，更能够从心理层面打动消费者，让消费者内心产生认同感，获得更加优质的产品和服务体验。

所以，零售商需要通过借助互联网技术的应用，对传统经营模式和消费场景进行改造，推出一种更加适合消费者需求的智慧场景，才能有效提升营销效果，增加产品销量。如果零售商在场景搭建的过程中缺乏"智慧"，就会在进行新零售转型的过程中会遇到重重阻碍。

零售商可以通过智慧场景的搭建提升自身的核心竞争力。在新零售领域中，五大智慧场景如下（见下图）：

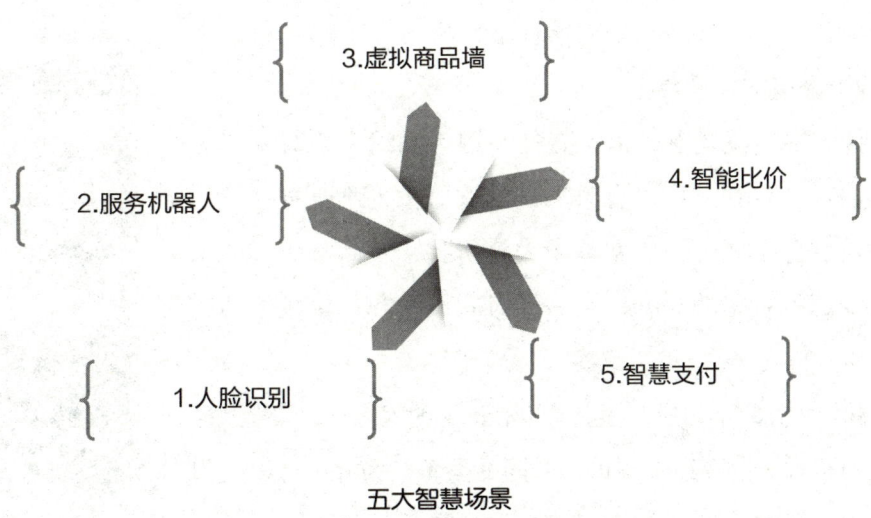

五大智慧场景

1.人脸识别

人脸识别技术是传统线下零售店迈向新零售的最具优势的技术之一。

1）VIP客户人脸识别。

人脸识别产品可以安装在商超、门店等入口，统计每天进店人数、性别、大致年龄等；另外，还可以安装在货架上，分析消费者的关注点和消费习惯。该技术能够通过收集的数据，帮助零售商获得消费者和潜在消费者更加精准的信息，并以此建立用户画像。然后将用户画像传送给店员端，帮助门店导购人员做出更加符合消费者需求和心理的商品推荐，极大地提升了用户的购物体验。同时，这对提升销售业绩、树立品牌形象大有裨益。

天猫打造了线下新零售智能家具门店。在店内，消费者可以通过人脸识别登录绑定淘宝购物账号，在门店挑选商品的过程中，借助卖场的互动云屏、扫码等方式刷脸即可完成商品加购。在结算时，用户不需要打开手机淘宝或者支付宝，直接通过刷脸的方式就能完成付款。天猫线下新零售智能家居门店融入先进的人脸识别技术，对广大消费者来说，既产生一种新奇感，又省时省事，能给消费者带来了极大的便利，为新零售的发展增色不少。

2）虚拟试衣平台。

传统零售模式下，消费者往往因为在线上购买服装等商品时没法试穿，所以有时买到的衣服不是不合身，就是颜色与肤色不匹配，消费体验大打折扣；对商家而言，这也造成退换货率的提升，是一种时间成本和运输成本的高度浪费。

同样，在线下门店，消费者也有试穿的困扰，如频繁试穿会让消费者产生疲惫感，也是时间的浪费。为此，可以利用人脸识别技术、体感等技术打造虚拟试衣平台（见右图），

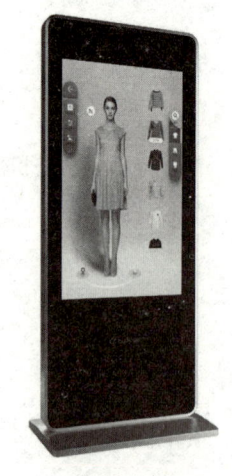

虚拟试衣镜

消费者可以在门店内的虚拟试衣镜前随意感受快捷的穿着效果。而随着智能设备的进一步发展，未来，手机端也同样可以实现虚拟试衣的智慧购物场景，为消费者带来耳目一新的购物体验。

2.服务机器人

线下门店引进服务机器人的主要目的就是承担商场导购、咨询服务等工作，在顾客的整个消费过程中为顾客随时随地提供更加贴心的私人购物助手服务。机器人自然语言对话系统和外观功能设计的结合，为原本单调的门店服务带来了生机。

1）导购机器人。

导购机器人可以借助"视觉过滤技术"，针对消费者的潜在偏好，构建在线商品推荐模型。具体的操作是：通过基于商品图片的问题，创造类似于游戏的情景让消费者参与，然后通过对消费者接下来的购物选择进行预测，并根据消费者之前的消费轨迹，提供相关商品建议。

以服装门店为例，这种导购机器人会根据消费者的鞋子造型和纹理、鞋跟高度、小腿长度、腿型等为消费者推荐更加适合其身材以及更加与鞋子相匹配的裤子或裙子。

Pepper机器人就是一个很好的例子。Pepper是软银的第一款导购机器人，它的日常工作就是以销售员的身份入驻日本最大的电器销售商山田电机。Pepper在此之前在智能手机店和咖啡店工作过，它帮助销售过智能手机和咖啡。Pepper在线下零售店中的应用有非常明显的优势：不但成本低，还可以增加消费者在购物过程中的趣味性，从而有效提升店铺的销量。

2）智能购物车。

在商超、便利店中，购物车是必不可少的硬件载体，在新零售时代，可以对购物车进行智能化变革。智能购物车在零售门店中的创新应用包括：将生物识别技术与摄像头系统相结合,从而为店铺提供人流量统计和人脸识别服务,零售商可以利用智能手机下载这些信息并进行分析,向消费者提供个性化销售服务。

3)智能客服。

在传统电商领域,智能客服起着非常重要的作用,智能客服的工作是通过文字的形式完成的,它能够替代人工客服,提高问题解决的效率。而新零售时代智能客服在线下实体店中的应用则是通过强大的语言处理能力和问题判断能力来实现的。不仅如此,智能客服还可以为消费者提供订单修改、退换货等服务(见下图)。

智能客服

3.虚拟商品墙

虚拟商品墙是借助先进的触控屏和高精准实时3D渲染技术,让消费者在虚拟墙上的任何角度都可以查看商品,并且还附有旋转、放大等功能,这种虚拟商品墙通常应用在商超、地铁等地点的自动售卖机上,是常见的线下销售场景。

目前,阿迪达斯实体店已经有这样的虚拟商品墙的应用。阿迪达斯基于因特尔的技术和解决方案,开发了虚拟鞋墙,已经在虚拟墙中有超过2000双鞋子产品在展示。在店内,还专门利用3D和VR技术实现了虚拟试穿的应用,消费者可以线下试穿体验，线上购物。阿迪达斯实体店虚拟商品墙的应用在零售领域是空前的，它能够给消费者所带来的体验也是前所未有的。

4. 智能比价

在购物的过程中，消费者总是喜欢货比三家。新零售时代零售店就可专门运用智能比价功能为消费者解决货比三家的需求。消费者只要用手机扫描产品进行比价，在店内就能知道其他店内同种商品的价格，从而免除了四处奔波比价的烦恼，有效节省了时间，提升了销量。如果顾客发现店内产品价格高于其他店铺的价格，则会获得零售店的差价返还。

沃尔玛的App加载了一个比价工具Savings Catcher，消费者可以在店内使用手机登录沃尔玛的App，之后再打开比价功能，就可以对产品进行扫描，如果发现某家店铺的价位更低，则可以获得沃尔玛的价差返还。沃尔玛门店内智能比价功能的应用，为消费者带来了更加贴心的服务体验，在很大程度上增加了消费者的购物信心。自从沃尔玛推出智能比价功能之后，每年用户增长率超过400%，极大地提升了沃尔玛的线下竞争力。

5. 智慧支付

手机的普及使得人们的生活与手机息息相关，智慧支付成为线下零售店的标配。智慧支付通常采用屏幕视频、文字、语音三种方式指引消费者完成支付。智慧支付使用门槛低，通常每6台智慧收银机只需要配备1位收银员。除了POS机、微信、支付宝等多样化支付方式接入之外，刷脸支付、指纹支付、芯片支付等技术的应用也使支付过程变得更加智能化。

如消费者在阿里巴巴线下无人超市可以获得更便捷的购物体验，消费者进店前，只需要拿出手机登录淘宝，扫一扫店外随处可见的二维码，进行身份授权（即同意支付宝代扣现金的协议），即可生成一张入场码。该入场码只有5分钟的有效期，过期作废。当消费者拿到这张入场码之后，就可以通过超市闸机入场。

在超市内，商品品类齐全，货架置于店铺两边，中间设有咖啡桌，店内布满了各种摄像头，对消费者的产品选购行为进行图像捕捉，以便识别消费者的消费习惯、喜好等相关信息（见下图）。

阿里巴巴的无人超市

选购完毕后，顾客需要支付时首先会通过一道门进入一间布满了各种传感器、人脸识别等技术设备的房间，在这里对消费者和商品进行双重身份核实（目前达到的效果是人误识别率0.02%，商品误识别率0.1%）。之后再进入第二道门，即"支付门"。在这里会自动生成订单，并且自动在支付宝中扣除与商品售价相应的钱款，支付宝界面也会马上显示相应的支付信息。整个过程只需要5~6秒的时间。

如果消费者没有选购任何商品，要消费者从旁边的无购物通道即可离开。如果消费者带着商品从无购物通道离开，则会触发警报。

阿里巴巴无人超市这种智慧运营模式，使消费者的整个消费过程中更便捷。同时，智慧支付技术的应用，也为阿里巴巴的无人超市节省了很多成本。

04 重构企业信息技术：用新技术带来零售创新体验

新零售时代，智能超市的出现使得购物过程十分便捷，用AI代替昂贵的人工，又极大地降低了整个门店的运营成本。相信未来在各种遥感技术、AI技术的支持下，会有更"智慧"的购物模式等待消费者去体验。

智慧供应链：自动化存、转、流，高效运行

AI除了在构建智慧场景中有广泛应用，在整个新零售门店智慧供应链方面的应用更是显著。

智慧供应链主要是借助云技术、大数据分析、机器学习和智能系统等几方面的领先优势，打造零售领域史无前例的"无人驾驶"智能供应链，可以实现自动预测、采购、补货、分仓，根据消费者需求调整库存，实现精准发货，从而对商品库存进行自动化、精准化管理。

具体来讲，在线下实体门店打造的智能供应链包括以下四个方面（见下图）：

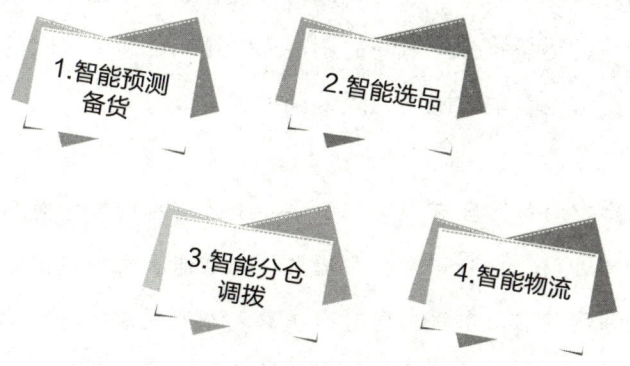

线下实体门店打造的智能供应链的四个方面

1.智能预测备货

过去，采购人员采购水果前，都需要首先对接果农，对水果的产量、质量进行考察。之后再结合店内的销售数据确定进货量，最后再下单。

在新零售时代，店铺借助AI相关技术，对接门店销售数据（包括活动促

销、节假日促销、日常销售、消费者喜好等历史记录数据）、天气数据、汽车交通数据、种植数据，系统实现产品组合优化，完全是自动采购，采购后物流部门自动拉货，实现智能预测备货。除此以外，还能对那些滞销货物进行自动淘汰，这样不仅加速了商品的流通，还可以有效减少库存量。在整个备货过程中，智能机器担任了买手的角色。

2.智能选品

新零售店铺内，可以对当前的品类结构实现智能化诊断，优化品类资源配置，实现商品角色的自动划分。同时还能对新品进行挖掘，对老品进行自动淘汰，实现商品的全生命周期的智能化管理。

3.智能分仓调拨

智能仓储也是借助AI切入零售行业，通过将射频识别（RFID）附着于可跟踪的物品上，物品信息便可以在全球范围内流通并被识别和读写。这个系统基本上可以完全替代人工，实现智能盘点货物。当通过自动分析发现哪些仓库即将出现货物短缺现象时，可以及时进行补货，或者可以将需求匹配到距离消费者最近的仓库，尽量减少区域间的调拨和区域内部仓库之间的调拨，同时优化调拨时的仓配方案，最大限度地降低调拨成本。

山东省烟台市的芝罘区有一家"小安24小时全自助智能便利店"。这家无人便利店集扫码开门、人脸识别、防盗监控、智能收银等应用程序，其技术均达到了国内物联网的前沿水平。同时，这家无人便利店还打造了智能供应链，运营者通过手机就能远程读取店铺一天的营业额，并操作补货；系统还能实现对商品接近保鲜期时自动发出通知，并进行精准管理。这种通过借助AI实现的智慧创新，将人从简单的劳动中解放出来，从而创造出更大价值。在这种智能供应链模式中，零售业者从体力劳动者变为投资者，从经营者变为管理者。这家便利店的运营模式所体现的正是零售业运营模式向新零售转变的一种升级和变革。

4.智能物流

在新零售时代,仓储物流也实现了智能化,通过领先的机器人产品和AI技术实现高度柔性和智能的物流自动化解决方案。换句话说,就是整个捡货、配送的过程都实现了智能化,使物流系统具有自我思维、自我感知、自我学习、自我检测、自我推断、自我决策、自我修复等一系列智能化的能力(见下图)。智能物流可以通过自动化设备和信息系统独立进行订单处理、物流运输、仓储配送等各环节作业,实现经济、高效、可靠、环保的发展目标,因此智能物流具有自动化、信息化、网络化、集约化、社会化等特点。

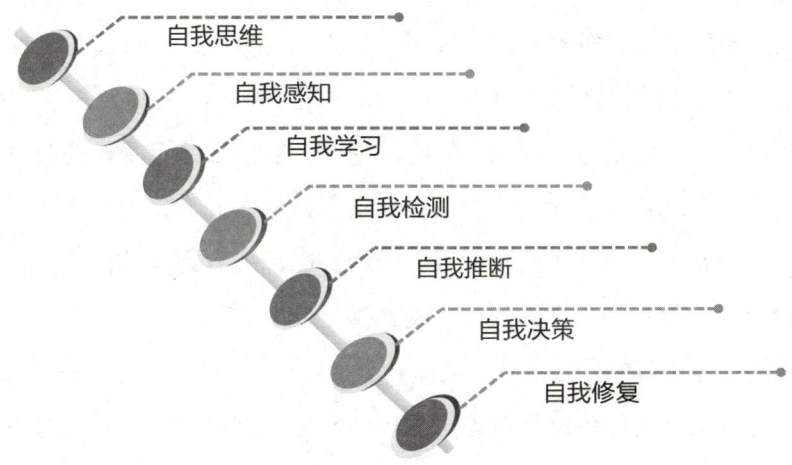

物流系统具有的七个智能化能力

1)拣货环节。

当系统接到订单时,无人仓库内的智能拣货机器人就会自动按照系统指令自主完成整个捡货过程,与此同时,还能将产品所要发往的不同区域进行自动分类,以便提升配送环节的效率。而拣货环节中的人工智能技术则大量体现在工业机器人上。

目前,京东的捡货已经实现了无人仓的智能拣货。京东的无人仓是自主研发的定制化、系统化解决方案，其采用大量智能物流机器人协同与配合，通过AI、深度学习、图像智能识别、大数据应用等技术，让工业机器人进行自主判断，并做出捡货和分货行为，完成对不同商品类型和形态、地域的捡货任务，实现商品分拣、出库等环节的自动化、智能化。京东的无人仓智能捡货能够有效节省人力资源，同时还能提升捡货的精准性，这完全是人工智能技术应用取得的成果。

2）配送环节。

①货物智能追踪。

进入配送环节后，机器人首先按照订单的先后顺序，进行波次管理和顺序优化。并且每件商品都采用RFID技术，将射频标签嵌入商品，相应的射频标签包含了电子存储的信息。与条形码不同的是，射频标签不需要处在识别器视线之内就可以实现物品位置的实时掌握和追踪，从而成为智能系统管理的实现基础。不论消费者还是零售商，都可以借助智能系统看到商品在运输途中的实时信息，有效确保货物不丢失和精准到达。

②智能运输工具的使用。

智能运输工具的使用也是新零售时代智能化的重要体现。无人驾驶技术的成熟和商业化，使得无人驾驶汽车、无人机在智能物流中的应用日趋广泛。

智能交通运输工具在新零售中运用，能够事先进行商品运输路径规划，有效避开拥堵路段，确保商品到达消费者手中的时效性，使得运输变得更加高效、安全、精准。传统的汽车都需要有人驾驶，往往会由于驾驶员的一时疏忽或操作失误而带来安全隐患，而智能汽车将这种情况彻底避免。智能汽车是在普通汽车的基础上增加了先进的传感器（包括雷达、摄像）、控制器等装置，通过传感器系统和信息终端实现与车、路、人之间的信息交换。因此车辆能够在行驶的过程中自动感知外部环境，替代人来操作，按照人的意愿到达目的地。

04 重构企业信息技术：用新技术带来零售创新体验

早期，无人机送快递是各大电商公司、物流公司尝试和推进的焦点。但是进入新零售时代，无人机作为智能运输的一个方向，正受到零售商的热捧，也获得了广大消费者的青睐。

在美国的一家7-11便利店率先在无人机送快递领域试水。这家7-11便利店与Flirtey无人机公司合作，店员将消费者所订购的食物放进特制的盒子里，再启动2台Flirtey无人机把食品送到消费者住宅前。到达时，每个容器由绳索拴住缓慢降落到地面，交由消费者检查商品无损、无误后取走。从商店到消费者手中的飞行过程中，全程使用无人自带的GPS系统进行定位，无人机只用几分钟的时间就能将消费者订购的三明治、热咖啡、甜甜圈等通过航空运输的方式送到消费者手中。

毫无疑问，无人机送货会成为新零售时代的一项发展趋势和潮流，全天候的送货、收获将成为现实。

新零售时代，尽管不同的零售商有着各自的心态，但以消费者为中心的经营理念、为消费者带来创新体验的商业规律是不会变的。智能化在新零售时代的应用，则为消费者的消费全程带来更加优质的体验，这既是零售业消费者的场景诉求、服务诉求，也是智能零售这一商业模式的最终目标。

大数据技术：新零售的新生产力

如今，大数据已经逐渐成为现代人生活中必不可少的一部分。无论是移动App、社交平台、购物平台、浏览器，还是家庭无线电视、便利店的POS机、个人电子钱包等，都时时刻刻在产生着大量的数据。我们的每一个举动都会被记录下来，并且以数字的形式被存储、被整理、被分析、被运用，这些数据在生成的时候是彼此独立的，在收集的时候看似毫无章法可言，但其在商业应用的过程中却能起到举足轻重的作用。

这些数据聚集在一起之后，就可能产生客观而又准确的统计结论，进而指导各种商业行为的决策，引发一场商业革命。新零售时代，更离不开大数据的核心指导。可以说大数据是新零售的新生产力。借助大数据，可以催生新的思维模式和商业模式，推进零售业的革新。

大数据重新塑造零售业新格局

自从阿里巴巴集团董事会主席马云提出"新零售"概念之后，零售业发生了巨变：零售商巨头们嗅到了巨大的商机，纷纷跳出传统零售模式，加强线上、线下的结合力度，开始探索如何利用大数据打通线上渠道，并探索如何借助大数据重塑零售业新格局。

04 重构企业信息技术：用新技术带来零售创新体验

从全局来看，如果所有的消费者、所有的商品、所有的线上线下（人、货、场）所产生的数据都联动起来，进而被记录下来，那么原来某一单方的数据价值创造体系将会受到巨大的冲击。这就意味着，大数据已经不再是简单地记录消费者消费行为的数据，不再是传统的消费者数据收集和传输，更多的是联动数据的驱动，形成一个更加强大的"大数据智慧体系"，即对从大数据的产生、收集到大数据的分析应用、指挥商业智能决策乃至执行行为预警反馈，形成整个数据的完整闭环。

作为零售企业，需要不断重视自己的数据资产和跨界伙伴的数据资产，并加以充分利用，包括CRM顾客数据、社交媒体"粉丝"数据、供应商数据、企业运营数据、行业数据等。零售企业需要逐步整合、不断扩大、有效积累大数据资产，并将这些数据资产转化为最终的用户价值、企业价值、社会价值。

在新零售时代，大数据重塑零售业新格局，主要包括以下四个方面的创新性应用（见下图）：

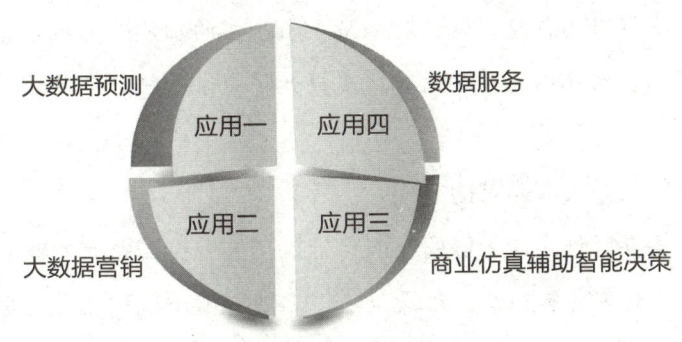

大数据重塑零售业新格局的四个创新性应用

应用一：大数据预测

对大数据进行分析的目的就是预测客户的下一步需求，在海量数据结构化分析的基础上，通过数学建模来进行预测，并帮助零售企业做出相应的营销决策，进而创造出更加优质的客户体验、更多的交易频次、更多的业务创新。

大数据预测的目的就是为消费者提供更加精准的产品和服务，一方面，通过对消费者产生的消费数据进行分析，进行产品服务的可持续优化和迭代，让消费者能够在海量的产品信息中选择与自身需求更加匹配的产品和服务；另一方面，也可以很好地帮助零售商最大限度地提升利润、降低成本。

小米科技除了拥有过硬的软硬件之外，还有一批狂热的爱好者和追随者——"米粉"。这些爱好者往往对产品设计有更加完美的方案，而小米的研发者则不断收集这些爱好者提供的建议和意见，对"米粉"个人信息进行整合，将所收集到的数据放在小米的数据库中。久而久之，这些数据不断积累，数据库规模不断扩大，小米研发者能够从中获得的有价值的数据信息也在不断积累。在对这些有价值的数据进行分析之后，研发者倾情打造出了更加让米粉满意的小米手机。然而，小米的研发者并不满足于一时的成就感，而是继续每天通过关注小米论坛上的"米粉"反馈的有关数据信息，对小米手机不断改进，打造出更加贴合"米粉"喜好的小米产品。也正是小米研发者不断从"米粉"中提取有用信息，才能对未来小米手机的功能、外观等进行很好的预测，收获了米粉对产品喜爱的同时，更提升了小米手机产品的销量。

应用二：大数据营销

在新零售时代，零售商应该充分挖掘大数据的巨大商业力量，提高商品的转化率。很多零售巨头，如亚马逊，之所以取得成功，并不是因为他们向消费者提供信息，而是他们向用户提供快速解决问题的决策和方法。消费者是全渠道的购物者，他们的购物旅程往往是从某一渠道开始，最后在另一个渠道结束。例如消费者在网店页面浏览查看商品属性、价格、库存、评价等信息，但却在线下产生购买行为，并在线下完成自助提货。

用户的每一个行为动作都会产生很多数据信息，这些来自不同消费者的数据信息混杂在一起，针对这些数据，零售商需要充分将数据结构化，并进行大数据挖掘，从而提供"千人千面"的个性化购买建议和促销信息，提供全渠道的客户购买体验，让客户在感受到更加贴合自身需求的个性化体验的同时，认为零售商"比自己更了解自己"，这样就会激发客户内心的情感连接。

不仅是电子商务和互联网公司可以借助大数据进行产品研发和服务开发，任何行业的零售商都可以通过掌握消费者的海量、真实交易数据，分析消费者购买的关注点，开发出更多的创新产品和服务，打开消费新市场。

应用三：商业仿真辅助智能决策

大数据智能时代为我们带来了全新的决策和管理方式，零售商的决策者们需要借助大数据进行试验和测试，使制定出来的决策更加具有可靠性。

这其实就是要依据零售商决策的基本原理和方法，借助计算机特有的功能，运用仿真技术，针对供应链中可能存在的随机因素，引入各种约束条件，构建出若干种相互关联的场景模式，以真实的情景作为参照物，模拟各种动态经营决策，给零售商的经营者提供更多的模拟和演练，为经营者的最终管理、决策提供重要参考。

举个例子。比如运用大数据仿真实验室，通过仿真模型来研究不同地区、不同类型消费者的不同促销方案，比较哪种促销方案最有效、投入回报比最高，通过仿真模拟供应链中的真实情景，可以事先对营销过程中可能出现的各种情景进行预测，并做出相应的应对决策，从而提高营销决策的准确性。

应用四：数据服务

零售企业需要通过持续不断地推动数据开发和共享，建立与各种社交媒体、跨界合作伙伴联盟，与自己现有的潜在客户形成广泛的数据合作，从而保证为客户提供更加优质的服务。

很多时候，零售商会在毫无察觉的情况下出现"空仓"的情况，这样就会造成断货现象。利用大数据，可以对消费者需求进行很好的预测，同时能够即时监测库存情况，提前做好"智能补货"，形成供需平衡的局面。这样在大幅提升库存利用率的同时，又提高了整个供应链和零售生态系统的投资回报率，为零售商创造了非常好的商业价值。

另外，零售商可以挖掘与消费者有关的数据，与广告商进行合作，实现精准广告投放与营销，这些都是数据服务的缩影。

所以，利用大数据服务于零售业，主要是针对零售企业内部的预测、补货、计划、签约、库存控制等方面进行改革，达到调整零售企业核心竞争力的目的。

拥抱大数据实现新零售的精准营销

在新零售时代，大数据分析、大数据应用、大数据报告等，一切与大数据有关的应用，都是为了一个目的，即通过广泛采集人们的数据，包括购买行为、消费习惯、购买频次等，去感知和认知消费者，通过对这些采集而来的数据进行分析，更好地解读和洞察消费者。

对实体零售而言，要想在互联网、移动互联网的全渠道时代实现精准营销，那么就必须迈入大数据建设的行列，快速构建企业自己的大数据分析体系。

大数据源自于每个人每时每刻产生的与消费有关的消费行为，如果零售商不能进行数据收集与管理，那么也就无法利用大数据。所以，零售商利用大数据实现精准营销的重点就是把和消费者相关的消费行为数据管理、积攒起来，并进行业务应用，进而达成大数据应用的目的：让经营更加有理有据，令精准营销的实施更加有的放矢。

实际上，在市场中，有95%的受众其实都不是企业的真正消费者，只有5%的受众甚至更少才是购买企业产品的消费者，这样就使得很多企业没有达到预期的销售目标。以往先盲目生产产品，然后再四处寻找消费者的思维方式已经不适用，通过大数据去寻找购买人群，则是当前产品定位与消费者需求匹配的最佳方式。这种方式就是通过大数据与营销运作相结合实现的精准营销。

那么零售商究竟如何借助大数据实现精准营销呢？通常分以下四步（见下图）：

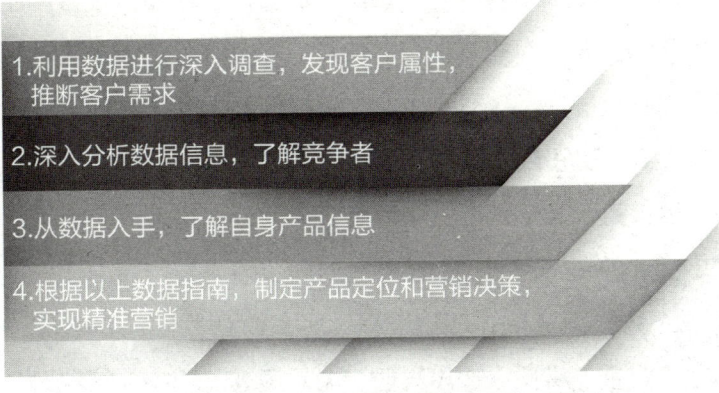

零售商借助大数据实现精准营销的步骤

1.利用数据进行深入调查，发现客户属性，推断客户需求

随着信息技术的不断发展，人们采集数据的方式、方法越来越多，能够积累的数据量也越来越多，因此，要根据所采集的海量数据来进行深入分析，从客户的购买喜好、购买习惯、购买行为、买家等级、买家年龄、买家地域等各个方面将客户进行细分，并深入挖掘每个细分客户对产品的需求。通过这些消费者数据信息，企业可以制定出适合不同消费者、不同使用场所、不同使用时间、不同购买目的、不同生活方式的定位产品以及营销策略。

淘宝经过调查数据发现：每天上网的高峰期主要集中在中午12点之后和晚上12点之前。出现这种"怪现象"的原因是现代人普遍睡觉前都会有上网的习惯，于是有些淘宝商家就会利用消费者的这种特定的消费时间点，在每天晚上12点进行促销秒杀活动，商家也由此获得了销量的倍增。所以，善于利用数据进行深入调查，才能更好地推断出客户需求，进而为其提供针对性产品和服务，赚得盆满钵满。

2.深入分析数据信息，了解竞争者

在大数据时代做产品营销还少不了对产品竞争者的了解。基于大数据具有预测能力的特点，零售商通过对竞争者的产品卖点、产品销量、产品价格、产品属性等数据深入分析，可得知竞争者的核心竞争力，从而扬长避短，让自身更加趋向完美。

3.从数据入手，了解自身产品信息

纵观淘宝销售量，其热销产品必定有过人之处，这就需要通过对数据的研究来发现其中隐含的秘密。通过观察某一时间段内自身产品的搜索点击次数、访客数、收藏人数、浏览量、环比增幅、成交商品数量、客单价、产品属性（包括：颜色、容量、材质、适用人群、能效等级、功能）等数据，可以使企业通过纵观产品在同行业中的数据与自身数据对比来判断产品差异化程度，进而判断产品是否能够满足用户需求。

4.根据数据指南，制定产品定位和营销决策，实现精准营销

营销决策是市场营销中的核心，制定营销决策必须建立在市场调查和市场预测基础之上。市场调查和市场预测就必须依靠数据分析来完成，不仅需要企业内部数据，还需要大量的外部数据，包括市场需求、市场竞争等。目前大数据蓬勃发展，数据分析的应用十分普遍，利用数据指南分析可以制定企业营销决策，做到精准营销，提高零售企业收益。

将客户进行细分，有助于零售企业集中精力和注意力朝着目标客户群进行精准营销，这样一方面可以满足客户的个性化需求，另一方面可以帮助企业快速掌握竞争对手特点，进而制定出有利的竞争决策，通过精准营销占领市场，达到自己的营销目标。由此可见，客户细分是实现精准营销的基础。

借助大数据分析工具高效提升客流增益

在新零售时代，零售商必须高度重视、维护、加深与现有客户的关系，依

靠客户忠诚度计划可以达成提升销量的目的。随着客户越来越多地采用社交和移动渠道及设备，客户随时随地都可以通过各种渠道查看自己所需产品的相关信息，这样客户就随时可能"移情别恋"，瓦解之前与你建立起来的良好客户关系，转而投入其他零售商的"怀抱"。

所以零售商面临着一场艰难的战役——客户保卫战，以此提升客流增益。零售商要想让客户对自己绝对"忠诚"，对自己的产品绝对"忠诚"，就必须对客户数据进行分析，并做好客户管理。良好的客户管理措施，有助于逐渐提升客户的忠诚度，更有助于进一步提升客流增益。

众所周知，产品具有一定的生命周期，同样维系客户同样也具有生命周期。所谓客户生命周期是指一个零售商对客户维系也有一个过程，这个过程中，要经历诞生、成长、出生、衰老、死亡五个阶段。具体到一个零售商来讲，客户的生命周期应当包括开始消费、消费成长、消费稳定、消费下降、不再消费的过程。

客户生命周期管理实际上是从客户考虑购买产品开始，到其对零售商收入的贡献和成本的管理，和不再消费的预警和挽留客户并将用户赢回的整个过程。

客户生命周期的发展中，需要经历五个阶段的变化，而客户关系的划分是研究客户生命周期的基础。客户生命周期管理的五个阶段分别为：

第一阶段：客户获取阶段。这个阶段是发现和获取目标客户的阶段，在这个阶段，零售商为潜在客户提供有价值的产品和服务，让潜在客户向真正的客户演变。

第二阶段：客户提升阶段。该阶段中，通过符合客户的产品和服务刺激客户产生消费行为，让客户为企业创造更高的价值。

第三阶段：客户成熟阶段。在这个阶段中，零售商可以通过引导的方式，让客户使用企业最新研发的创新产品，成为企业的忠实客户。

第四阶段：客户衰退阶段。这个阶段，客户对产品的购买热情和频次开始

"走下坡路"，零售商此时需要建立客户衰退的高危预警体系，以延长客户的生命周期。

第五阶段：客户离开阶段。当客户对产品和服务的消费热情完全丧失之后，便是客户决定离开之时。此时，零售商需要制定挽留客户的方案，以赢回客户。

零售商进行营销的最终目的就是为了获得利润回报，但并不在于仅仅抓住眼前的短期利益，而是更加注重长远利益的获取。因此，延长客户生命周期，对零售商来讲显得尤为重要。管理客户生命周期的目的，就是为了让客户的终生价值能够得到最大限度的发挥。如果能借助大数据工具把控好并延长整个客户生命周期，让客户生命周期价值最大化，则强效提升客流增益不再是难事。

客户生命周期管理示意图如下：

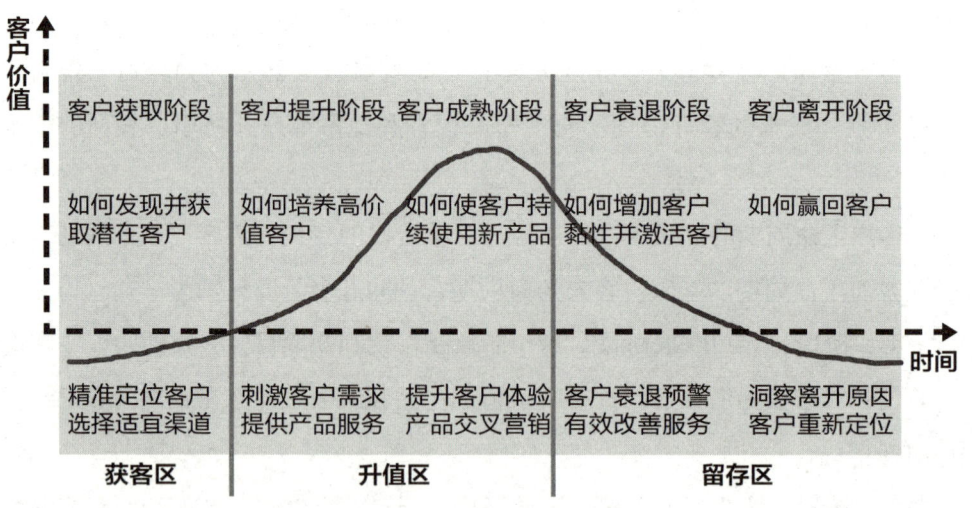

客户生命周期管理示意图

那么究竟如何用大数据进行客户生命周期管理呢？主要有以下方法：

1.利用大数据获取客户（针对客户获取阶段）

获取大数据的方式可以分为主动数据和被动数据两种。

主动数据是依靠人为的收集、筛选、生成大量数据。比如客户在购买产品的过程中填写的个人资料、与客服或销售业务员在交谈中透露的个人信息等，通过收集这些数据信息，进行深入分析，可得出客户的购物喜好等，帮助零售商更好地为客户服务，让客户成为零售商的忠实客户。

被动数据是零售商在搜索引擎中获得的与客户相关的搜索记录、商品浏览记录、购买记录、支付印记等数据，将这些数据汇集在一起，经过分析、提炼，将客户行为习惯的大概情况描绘出来，对该客户未来可能进行的购买行为进行预测，进而引导其购物，可让其成为零售商的真正客户。

无论是主动数据还是被动数据，两者都是对那些毫无头绪的大量信息进行分析、筛选，并利用有价值的数据为零售商精准地找到潜在客户的有效途径。

在获取客户数据时，应当注意以下几个方面：

1）数据要具有可靠性。

所获取的这些原始数据将作为分析客户需求之用，所以数据一定要具有精准性。这个时候，零售商所获取的客户数据是最基础环节的数据，只有可靠、实时的数据才能真实地传递客户需求信息，了解目标客户是否会有购买行为。如果获得的数据是该客户以前的购买信息、购买喜好，那么随着时间推移，可能会导致零售商对客户是不是目标客户的判断产生一定偏差。

2）数据传递要通畅。

在零售商运营的过程中，要想收集到更加有价值的数据，就要保证业务流程的流畅性，保证数据不缺失、不发生变异，只有这样才能更加精准地分析客户需求。

3）数据分析要精准。

这是客户生命周期管理过程中非常重要的一个环节，也是企业能够获得真正目标客户的关键。

2.利用大数据刺激客户产生消费行为（针对客户提升、客户成熟阶段）

通过对客户以往购买行为的数据分析，可洞察客户需求，为客户量身打造专属的个性化产品和服务，让客户为之心动，进而付诸行动，为零售商创造更高的价值，贡献更多的利润。

3.全方位分析客户流失原因，挽留客户（针对客户衰退、客户离开阶段）

利用大数据挖掘技术分析客户流失的原因，并针对可能流失的客户制订相应的挽留计划和策略，可改善用户体验，有效挽留客户，减少盲目营销的可能性，在根本上解决客户流失问题。

举个简单的例子。比如某服装零售商最近两个月内客户流失严重，客户的重复购买率严重下降，给零售商带来的直接影响就是产品销量急剧减少、客流增益下降。面对这种情况，该店老板会与之前的客户进行深入交流，从交谈中发现客户对店铺产品或服务不满，并将各种不满信息汇集起来，分析筛选客户流失的主要原因。如果是产品质量需要改进，则会加大产品整顿力度，保证销售给客户的产品能够让客户获得最大限度的满足；如果是服务质量有所下降导致客户情绪上的不快，进而使客户流失，那么店铺老板则需要整顿加强销售业务员的言行举止，让客户重新获得上帝般的服务体验。通过对产品和服务质量的改进和提升，从而挽留客户，才能让客户重新愉快地回归店铺购买产品，并会主动转介绍，为店铺带来新的客户，有效提升店铺的客流增益。

总之，那些成熟的零售商往往在快速跑马圈积累足够多的客户数量之后，向提高客户对企业利润贡献的质量管理阶段挺进。因为客户从"诞生"到"消失"是需要遵循生命周期律的。如果能快速、充分利用好大数据来管理客户生命周期的各个环节，延长客户生命周期，就能保证客户留存时间更长，创造更多的价值。

VR技术：虚实结合掀起零售业新风口

VR（虚拟现实）技术的应用在游戏、影视领域的应用已屡见不鲜，但其应用并不局限于此。

随着VR技术日渐成熟，与新零售相互碰撞出了耀眼的火花，使得传统线下的实体百货业（购物中心、商超等）转型与变革进入了一个新阶段。

打破虚实界限，享受沉浸式购物体验

每年的"双11"，天猫、淘宝总是能独出心裁，为活动加入新的技术元素，将"双11"提升到一个更加绝美的境界。随着近几年VR技术的不断发展，天猫也在"双11"活动中加入最劲爆和火热的VR技术，推出Buy+频道，为消费者带来无语绝伦的购物体验。消费者只要带上VR眼镜，就如同坐上了时光穿梭机一般，立刻穿越到了纽约曼哈顿。在这里，消费者置身于美国百货巨头——梅西百货现场，眼前琳琅满目的商品可以随着一颗蓝色的圆点和视线移动而移动。当消费者浏览某一商品时，系统就会自动判断这件商品是否令消费者心仪，如果发现投其所好，随机这款商品就会从货架上"飞"到了消费者眼前，并且弹出商品的相关详细信息，还会询问消费者是否要选择购买。视线控制圆点确认购买后，紧接着就会弹出支付密码输入框，随着视线移动，就可以输入密码，并完成购买。

　　天猫国际平台为Buy+会场精选了八个知名品牌，其中包括美国的梅西百货、零售大佬Target、美国最大连锁会员制仓储量贩店Costco、宝洁集团、日本的松本清、秋叶原动漫店Tokyo Otaku Mode和澳大利亚最大连锁药房Chemist Warehouse、健康食品Freedom Foods。此外，这一应用还触及了我国的线下门店，在女包、手表、美妆等产品中选择上百种精品作为Buy+会场的首批荐货，使消费者在线下驻足就能享受来自全球的生活体验。

　　"Buy+"是阿里巴巴在VR全景购物新零售模式上的一次全新探索，高度还原了真实的购物场景和各国的当地特色，为消费者带来了极致的酷炫体验，让虚拟和现实实现了完美结合（见下图）。

"Buy+" VR全景购物平台

　　显然，阿里巴巴借助VR虚拟现实购物，给消费者带来了视觉、嗅觉、触觉等感官上全新的沉浸式购物体验，将传统零售业提升到了一个新的高度——VR技术新零售时代。

　　VR技术的应用，对零售业消费场景进行了重构，通过模拟真实场景，可以实现随心随欲地试穿、试玩、试体验等，并能快速、便捷地完成商品选购、商品支付，之后只需坐等物流上门送货。这种"所见即所得"的沉浸式购物体验，更能提升消费者强烈的购买欲望。

那么VR全景购物究竟是如何打破虚拟与现实的界限，给消费者带来情景化体验的呢？

简单来说，这种全新购物体验模式，是依靠一张3D图片，让千里之外的消费者在打开电脑或手机之后，可以以720°全方位浏览实体店铺，并能看到商铺任何一个角落货架上的商品，查看任一款商品的价格，随时进行在线交易。整个购物过程，消费者仿佛身临其境，也给新零售下的消费者带来了更具新颖性、展示性、功能性、传播性四大方面的全新体验。

■新颖性：商家平台可以为消费者展示产品、陈设以及店铺内景，用户可以身临其境。

■展示性：商品以更加生动、形象的方式呈现在消费者面前，可以实现直观、快速引流。

■交互性：消费者对模拟环境内的所有物体都可操作，并能从环境中得到相应的反馈。

■自主性：虚拟环境中的物体按照现实世界物体运动的轨迹和方式移动。

基于以上四个优势，已经为传统零售商破解了难以获得持续消费的难题。VR全景购物下的新零售模式，对商家而言，可以设立商品坐标点，录入简要的商品信息，并与店内高清像素的实景照片相结合即可实现。这样完全免去了传统零售电商频繁上传大量商品图片而带来的烦恼；对消费者来讲，无须亲自跑去线下实体店购物，节省了购物路程的时间成本，却可以享受到和自己亲临现场一般的购物体验。另外，消费者几乎可以感受到真实的商品触摸，再加上全方位的商品认知，可以有效减少因为信息展示不全面而导致的退换货的烦恼。

虚拟体验，为消费者预见未来

体验已经成为新时代零售店的重要法宝。零售商必须尽可能为消费者提供更加个性化和畅爽的体验感。消费者从进店到浏览陈列的产品，再到服务，这一系列的基本体验都是零售店所必须要做的。零售商要想赢得消费者的钟爱，除了提供个性化的体验之外，还应当让消费者能够预见消费的未来。

VR技术在零售领域中的应用，可以用虚拟的场景让消费者感受到未来诱人的生活。尤其是家具零售领域，VR购物的应用，更是锦上添花，可以说VR家居零售系统开启了家居新零售时代，让消费者预见未来。

家具类品牌要想实现线下线上相结合，很难找到关键的结合点。然而顾家家居用一副VR眼镜解决了这一问题，在家具行业率先迈进了"新零售时代"。

顾家家居曾在"双11"活动中，为了能够让其天猫旗舰店的流量大幅攀升，推出"花费0.11元定金，获VR眼镜，并在'双11'期间获得多重优惠"的活动。顾家家居之所以免费送VR眼镜，就是为了吸引消费者，增强消费者的线上体验。

消费者获得一份与VR眼镜同时寄出的VR产品手册，只要用手机扫描手册里的二维码，再通过VR眼镜，就能立刻享受VR眼镜带来的沉浸式体验，感受顾家家居实体店里的产品摆放效果。消费者还可以通过手柄随意切换不同产品的摆放效果，同时还可以自己进行家装DIY，随意搭配自己喜欢的家具风格。如果消费者对某一家居产品感兴趣，可以直接调出产品信息和价格，并将目标产品放入购物车。挑选完毕之后，门店销售员会根据消费者收藏的信息协助消费者完成下单。

此外，顾家家居也会借助VR技术为消费者提供室内设计方案。消费者可以将自己卧室的图片以及意向家具型号等发送给天猫客服，2分钟后，顾家技术团队会对卧室和家具图片进行分析，在3~5天的时间内就能完成全屋建模，给出多种搭配方案供消费者选择。消费者可以身临其境地提前感受到装修后的效果，预见未来的家（见下图）。

顾家家居VR技术体验

顾家家居采用VR技术以来，线上店铺为线下实体店导流的优势非常明显，大部分消费者会通过线下门店完成产品的安装和后续服务，这让顾家家居的销量提升到了一个新的台阶。

正是有了全新的消费体验，带动了消费者消费热情，也正是如此，使得顾家家居的销量节节攀升。2018年，顾家家居的净利润达到了9.89亿元，营业总收入达到了91.7亿元。

顾家家居将虚拟融入现实，为消费者带来超高仿真度的消费体验，不仅满足了消费者对臆想世界的窥探，把未来家装变为可见、可感、可知的"实景方案"，还可以通过产业链整合，为消费者提供一站式服务，让消费者爱上这种超级愉悦的消费体验方式。

未来，VR购物的落地很可能会在零售产业引发一场巨大的革命，届时长期困扰零售商的诸多痛点也将得到更加有效的解决。

3D技术：立体互动带来极致的消费体验

近年来，3D技术已经由原来的概念阶段进入应用阶段，目前，国内3D技术的应用非常广泛，已经在珠宝、鞋类、服装、工业设计、音乐、建筑、汽车、食品、航空、照相馆、生物工程等诸多领域广泛使用。

3D技术凭借其快速、环保、精美的特点，使得产品生产的成本大大降低，节省了大量原材料，同时还提升了产品制作的精准度。

当零售业出现"关店潮"，出现纯电商流量红利的消失现象时，整个零售业的发展开始动荡不安，发展增速缓慢、利润率也开始下降，无论是传统线下实体店还是线上电商，都在迫切寻求一种解决之道。此时，3D技术在新零售领域中的应用，让快速定制成为了可能，为消费者提供更多的智能化的优质服务和消费体验，从而形成以消费者为中心的供应链和生态圈，极大程度上推动零售业产业升级与变革。

对消费者来讲，能够买到自己所需的产品，同时能够提升购买兴趣的消费体验才是最想获得的，这就是新零售时代更加注重消费者体验至上的原因。单纯的产品销售模式并不会激起消费者的购买热情，唯有更加独特、新颖的体验，才能刺激消费者购买欲。

传统零售模式下，消费者虽然能够获得"量体裁衣"的定制服务，但需要到店沟通之后才能进入定制环节，定制过程也往往需要好几天才能取货。

04 重构企业信息技术：用新技术带来零售创新体验

3D技术引入新零售之后，对服装零售业的影响尤为突出，快速、便捷、精准、时效性成为品牌服装定制的一大特色。

以服装品牌雅戈尔为例。在当前传统服装零售业凋零的环境下，雅戈尔将原来3000多家门店减少到了1000家，集中精力去打造这些门店，以实现产品优质化、成本竞争优势化、物流反应体系速度化、体验环境舒适化、营销手段高科技化。

雅戈尔用3D的量体数据、二维打版、VR联合技术，采用线上定制系统和移动支付手段，实现了企业向新零售转型。

比如某人要到北京出差，需要一件合适的衬衫，在机场就可以通过手机登录雅戈尔的定制平台，输入个人会员信息后，平台会根据客户所提供的成品要求，利用系统内的材质数据、颜色数据、款式数据、版型数据（包括领型数据、袖型数据、扣型数据、口袋数据、胸围数据、腰围数据、袖长数据等）等诸多细节性数据，借助3D技术进行衬衣定制（见下图）。

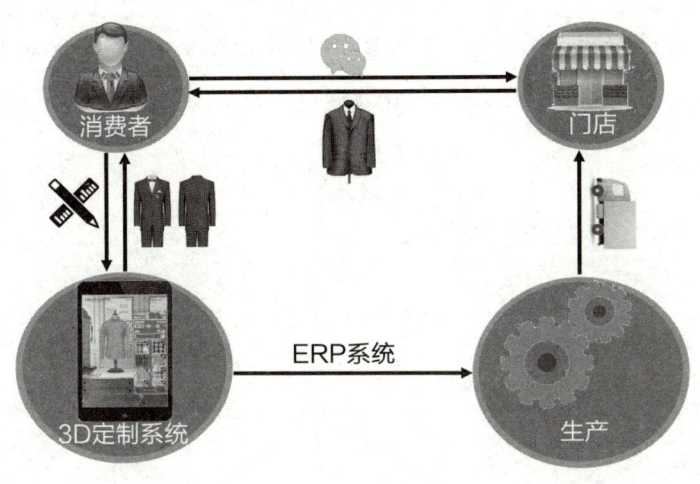

雅戈尔3D定制流程

具体操作是设计师利用3D服装设计软件，通过导入2D服装版型，快速实现版型修改，并呈现出逼真的3D虚拟样衣效果，随后，将3D虚拟样衣发送给消费者测试效果，消费者可以通过手机在雅戈尔3D定制系统平台上360°查看3D样衣，如果有不满意的地方可以随时修改。这样可以减少实物样衣的制作时间和成本浪费，提升与消费者沟通的准确性和商品供应效率。确定样衣之后，消费者定制的衬衫可以在24小时内被送到指定的门店，该消费者用手机再次登录雅戈尔平台，凭订单信息就可到门店取衣。

3D技术在新零售中的应用，对雅戈尔来讲，通过不断积累沉淀服装版型库、3D模型库、创意设计库等品牌设计资源，提升了品牌服装开发的创造力，有效提升零售效益；对消费者来讲，则可以线上下单，线下快速取货，感受便捷、高效的购物体验。

雅戈尔这种线上随时定制、线下快速取货的新零售模式，满足了消费者的多样化需求，为消费者带来了更具时效的购物体验，让雅戈尔零售店也因此更加彰显魅力和价值。

总之，3D技术在零售领域的应用，使零售业实现了高效性、精准性、智能性，也由此使得线下实体店受到更多消费者的喜爱和认可，如果说零售业能够在新零售时代获得更快的进步和发展速度，那么3D技术则功不可没。

XIN LING SHOU
GE MING

05
重构商品管理体系：
新零售向品质化消费靠拢

> 随着经济的发展，消费逐渐升级，消费者更加注重产品质量和个性化的"品质消费"，呈现出分层化、小众化、个性化的特点。就目前来看，零售商的商品管理体系显然已经不能满足目前消费者的"品质消费"需求。零售商要想契合消费者的这种消费趋势，需要在商品管理体系方面进行重构，为消费者尽可能地提供更多的高品质商品和服务。这是新零售时代零售商获利的必然途径。

产品属性：满足人们追逐品质生活的个性化需求

市场经济使得商品极大丰富，消费升级成为新零售的主要特点。尤其是"90后""00后"更追求品质，所以，零售商希望通过商品的品质个性化服务来吸引消费者。

从实体店的现状来看，商品丰富程度很难与电商相提并论，仅淘宝商城的店铺数量就达到了几百万家。而且不少电商，如京东、天猫正在全力提升物流的时效性，在一些主要城市已经实现了半日达，可以预见，未来配送效率还会进一步提升。

同时，近年来一些无人店、自动贩卖机等新兴零售模式已经渗透到了居民小区楼下以及写字楼内，使得零售店与消费者之间的距离更近了，为消费者带来了便利，同时也提升了消费者的生活品质。今后，健康、品质、便利、休闲将是消费需求的最佳解决方案，盒马生鲜就是较成功的代表。

盒马生鲜是将满足消费者吃的场景作为核心定位，致力于打造能够满足消费者一日三餐吃的场景品质化生活解决方案，深得消费者的欢迎和青睐。

盒马生鲜将追求商品品质化作为实体店引流利器，致力为消费者提供更新鲜的成品、半成品，供应的肉类、水产、水果、蔬菜、南北干货、粮油、烘焙、熟食、休闲食品、百货等商品来自世界各地，其中80%是食品，生鲜商品数量占比20%。

在盒马生鲜门店里，这些琳琅满目的商品走的是"高端商品多""大众商品全"的路线，品类和包装也都给消费者一种高端的感觉。即便是门店装修设计，也都符合精品超市的定位（见下图）。

盒马生鲜实体店

盒马生鲜最大的特点就是快速配送。实体店附近5公里范围内，最快可以30分钟内送达，一般送货到家时长不会超过1小时。在盒马生鲜App购物，消费者不能预约隔天送达，只能当天送达。当消费者下单后，拣货员会在5分钟内备好货。

可以想象这样的场景：一位白领下班路上用盒马生鲜App下单，预约送达时间为18：30—19：00，这样比自己去超市购物更加轻松、省时，最重要的是食材新鲜。这也是盒马生鲜对消费者追求品质生活的一种承诺。

新零售革命

  盒马生鲜借助高品质的新鲜商品，实现"新鲜每一刻、所想即所得、让吃变得快乐、让做饭变成娱乐"，这是盒马生鲜在新零售时代的创新，满足了消费者追求品质的升级需求。

商品管理：提高运营效率

在新零售时代，任何一个零售商的成功，前期靠"营销"，中期靠"运营"，长期靠"产品"，但最终要靠"效率"。可以说，新零售的本质就是"效率"，实现效率最大化的基础就是重构商品管理模式。

商品管理智能化

商业的本质永远是围绕消费者需求，提供适合的商品和服务。从目前整个零售业发展的情况来看，消费者更加注重个性化的"品质消费"；从当前的整个技术进程来看，移动信息技术、遥感技术、大数据技术以及人工智能技术的发展突飞猛进。智能化零售已成为新零售的核心，有利于实现商品供应、服务、消费者需求的精准匹配。

智能化零售中，商品管理的智能化是"品质消费"的重要基石。所谓商品管理的智能化，实际上是基于多样化的商品和消费者需求，借助智能化手段进行商品管理，向消费者提供个性化的服务。

商品管理智能化能够帮助零售商实现低成本商品运营，精准高效，其优点主要体现在以下几个方面（见下图）：

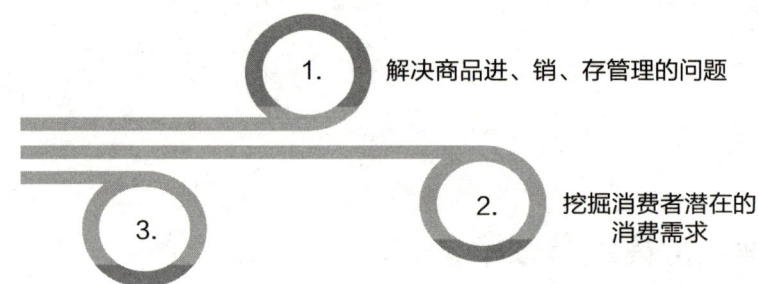

实现商品管理智能化的三个方面

1.解决商品进、销、存管理的问题

传统零售商的商品管理模式是以商品为中心的管理模式，也就是根据传统的商品分类，确定门店经营的品牌以及品种，进而细分到中小分类，再进一步细分到货架分类。

这种传统的商品管理模式存在两方面弊端：一方面难以与市场深度发展及丰富程度相适应；另一方面难以与消费者的需求变化相适应。

新零售时代，零售商必须依靠更加智能化的商品管理系统让商品价值和功能最大化，实现商品进、销、存的流程管理。

2.挖掘消费者潜在的消费需求

传统零售所提供的商品，仅仅满足消费者的基本需求，随着消费升级，消费者追求个性化的"品质消费"，一些更高层次、更加完善的隐性需求（如健康、时尚、休闲、情感方面的需求）等会使消费者的个性化需求范围进一步扩大。

消费者潜在需求的范围广、潜力大，零售商需要精准对接、精准挖掘，这必须依靠完善的信息系统来支持，商品智能化管理系统就是最佳的技术支持。

3.替代人工完成管理工作

大部分传统零售商的补货、物流拣货、上架陈列、盘点等都是人工完成的，不但效率低下、成本高，还经常会出错，精准率低。新零售时代，商品智能化管理系统的应用会使这些问题迎刃而解。智能化手段完全取代了人工，并且效率大幅提升。

总店与各门店实时同步货品上新

传统零售面临门店管理、商品管理、资金管理等问题，总店很难掌握下级各加盟店和直营店的经营状况，同时，各个店之间的信息沟通不及时，库存不能同步，导致缺货或者进货时超买经常发生。一些门店还在线上开了网店，商品分别管理，统计麻烦，数据不准，线下的商品管理系统不健全，导致运营效率低下。

新零售利用线上线下互动，最大限度地提升产品销量，有效解决了传统门店商品管理系统中的诸多漏洞，提升了门店的运营效率。解决这一问题的关键就在于线上与线下，总店与各分店之间的商品借助智能化管理，实现了实时同步货品上新。

通常线上信息更新速度要快于线下，所以零售商在上新货时，可能因为线上运维不及时，商品信息迟迟没有更新；也可能因为线下铺货时间长，工作量大，线上已更新商品上架信息时，线下商品上架却还没有就位；或总店早已上新货，而各分店却因为信息的滞后性不能及时同步，消费者在线上不能及时看到新品，在线下也难以找到新品，所以，实时同步货品上新是新零售的客观要求。

真维斯作为国内休闲服饰的领军企业，可谓是线下零售中的佼佼者，在传统零售面临转型的大趋势下，也开始向新零售转型。

真维斯成立了淘宝官方旗舰店，迈出了线上线下融合的步伐，线上与实体店同步销售各款当季新品、特价货等。真维斯对线下商品的把控能力也极强，每一季所剩的库存量并不大，这源于总店和分店之间能够"同步上新"。目前，真维斯3000多家线下门店覆盖全国，70%属于自营，总店和各分店之间对接灵活，其余30%的线下经销商与总店业务部也会保持着较好地沟通，因此总能"同步上新"，不会损害任何一家经销商的利益。

显然，真维斯无论是走线上零售路线还是实体零售路线，目的就是要围绕消费者、需求场景、商品、服务等维度实现生活场景感知、解决方案推送、快速交付以及整个上下游（从生产到消费者体验过程）的效率最大化。这是真维斯能够转战新零售，适应时代发展而做出的明智之举。

精准商品布局，满足消费者体验需求

新零售时代，千店同品的经营格局已经不能再适应时代发展要求，零售商必须重新调整商品陈列、布局方式，在商品布局和品类管理上进行同步变革，通常，精准的商品布局流程如下：

通过市场调查取得消费者数据→通过数据分析做出消费者基本分析（消费能力、消费层级、消费诉求、消费潜力是重点方向）→确定门店功能分区→确定门店品类组合原则→按照消费者分析模型得出相关数据；借助后台信息系统，按照"区域化分区，场景式陈列"的商品布局陈列方式确定商品区面积→根据各类商品的实际需求确定陈列方式→通过系统分析确定各品类陈列货架的数量→确定商品陈列设计方案。

如果零售商按照以上流程，根据商品的物理属性进行分类，在商品分类的基础上进行品类管理，搭建生活化陈列场景，需要很长时间才能完成，并且在实施的过程中也是困难重重，所以必须借助智能技术协助才更精准、快速。

基于智能技术，零售商实现商品智能化陈列布局体现在两个方面（见下图）：

05 重构商品管理体系：新零售向品质化消费靠拢

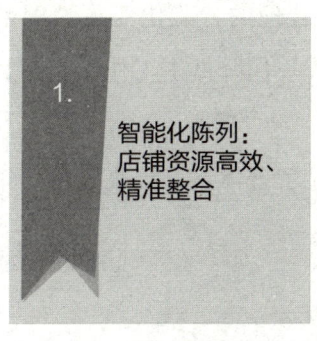
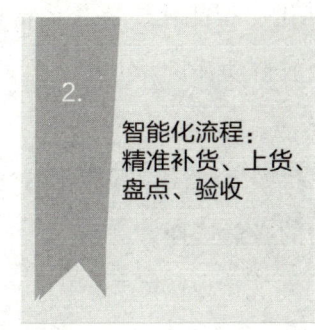

零售商实现商品布局智能化的两个方面

1.智能化陈列：店铺资源高效、精准整合

实体零售店要全面把控店铺的商品资源、货架资源等，构建能够满足消费者体验需求的商品陈列方式，实现店铺销量和利润的最大化，因此，零售商能否合理、有效利用现有店铺资源做好陈列布局直接影响着其业绩。目前，因为缺乏精准化陈列布局管理系统，坪效产出、货架产出严重不均，而智能化陈列能够有效提高门店的资源产出效率，进而提升店铺销量。

零售商可以借助智能化的商品管理方式实现店铺资源精准、科学的整合。具体来讲，零售商可以在店铺内安装智能扫描识别设备，对入店消费者进行扫描、识别，并且对入店消费者在店内的浏览商品的动态路径，以及在相关货架前停留的时间、消费者购物篮中相关联的商品进行记录。之后，对这些记录的相关信息进行精准分析，再借助这些数据信息进行门店动线设计（消费者在门店内移动的点，连接起来就成为动线），对商品资源进行整合、调整，最后将整合好的商品组合陈列在货架上，实现智能陈列。

2.智能化流程：精准补货、上货、盘点、验收

传统零售店采用人工补货，这种补货方式往往会因为外界因素而造成失误。在商品验收的过程中，层层点数，工作效率极低。上货、盘货的时候也全部依靠人员把控，都会或多或少出现一定的差错。

新零售时代，这种人工完成的工作，完全借助扫描、二维码、记录器、监

控等实现自动化、智能化，零售商借助合理的智能化商品管理系统就可以快速、精准地完成自动补货、上货、盘货，不但降低了工作差错率，还极大地提升了工作效率。

可见，在新零售时代，智能化的商品管理体系是提高零售店运营效率、提升市场竞争力的必然选择。

库存管理：降低库存积压损失

据有关报道显示，近年来，库存过剩、缺货和损耗等库存偏差给全球零售商造成了巨大的经济损失。

新零售时代，不仅要比谁的门店资源利用率高，还要比谁能将库存管理得更好，让库存降到零。

零售商的成本不仅包括配送费用，还包括库存积压的成本，新零售时代要进行有效的库存管理，精准地预测销量，调拨库存，既可以降低零售商的库存成本，也可以满足消费者的需求，可谓一举两得。

库存管理精准化

新零售作为一种先进的商业模式，获得了越来越多零售企业管理者的认同，库存管理也成为影响传统零售快速迈进新零售的重要一环。

传统零售模式下，零售业的库存管理具有的弊端如下：

1.库存周期长、周转率低

库存周转期是评价零售商库存管理效率的依据。国内大多数零售企业的库存周转期在15~30天的范围内，不同零售企业周转期约存在15天的差距。这些零售企业往往会认为只要存货足，就能保证不断货，因此导致库存不断增加,大量的库存积压又给零售商的资金流通带来了巨大压力,影响了新品上货率。

2.缺货率高

在运营过程中,出现缺货、断码等都属于缺货范畴,产生这些现象通常是因为:

1)供应商与零售商之间信息不畅,导致商品在供应链节点上积压,而零售商则找不到所需货物,最终导致商品缺货。

2)大多数零售商凭经验订货,经常出现供大于求、供过于求的情况,增加了订货成本和缺货率。

3)商品入库过程中出现库存数据不准确,导致缺货。

无论是库存周期长还是缺货,都将严重影响消费者的购物体验,最终影响零售企业的生存和发展。在新零售时代,为克服以上弊端,必须提升库存管理的精准化程度,主要可采用3种方法(见下图):

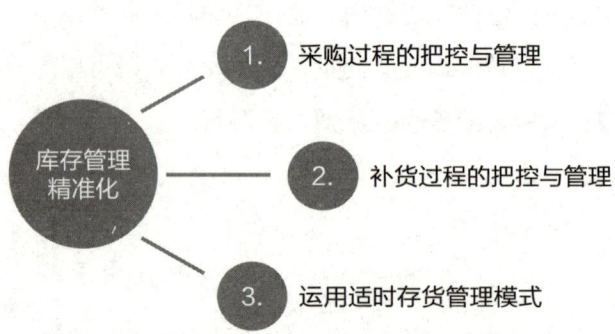

零售商提升库存管理精准化程度的方法

1.采购过程的把控与管理

商品采购的过程中,一定要将消费者的喜好和库存面积同时考虑,这样一方面可以满足消费者对产品的需求,另一方面又能有效、合理地把握库存承载力。

2.补货过程的把控与管理

缺货就意味着商品已无库存,此时零售商应当建立自动补货系统,对日销量、日库存量等数据精准收集，并将这些数据与其他库存管理系统连接起来，与供应商共同打造供、产、销的联动机制，最大限度地降低缺货率。

此外，还要与第三方物流建立信息管理系统，一方面实现进货以及商品管理的统一化，调节商品入库、销售之间的时间差；另一方面还要有效地控制分店的库存，实现单品管理，减少配送时间，缩短配送成本，降低库存量和商品缺货几率。

3.运用实时存货管理模式

实时存货管理模式实际上就是保存最低水平的库存。为了解决店铺出现缺货的问题，零售商要进行商品库存量下线设置，当库存量低于这一安全设置时，信息系统就会自动发出补货通知，供应商接到通知后，马上会为店铺补货，并且保证货物能够准时到达店铺，以满足消费者需求，永不断货。

使用这种存货管理模式，能够保证库存保持在最低水平且永不断货，除了需要供应商大力配合，也对零售商提出了一定的要求。供应商和零售商之间要有一套先进的信息管理设备，并且双方信息流畅，才能保证供应商在最短的时间内做出缺货信息的快速反应。

实时查看经营情况，精确掌握营销状况

新零售时代，零售商要想顺应零售业发展的潮流，就必须将线上线下打通，总店与分店紧密衔接，实现线上线下、总店与分店大融合的"门店通"。

门店通是指总店借助智能管理系统，实时查看下属直营店、加盟店的货品情况、销售情况、收入情况等信息，精准掌握每家门店以及线上商铺的经营状况，并根据所获得的实际情况进行分析，以最快速度完成货仓精准补货，保证消费者能够在约定的时间拿到购买的商品。

基于门店通，零售商借助智能检测系统，能够以最快速度对线上与线下、总店与分店各渠道所需的铺货时间进行精准分析，并做好铺货时间安排。确保

新品一上市就能够按照铺货时间长短实施铺货计划，并可以实时检测各渠道的铺货情况，以达到同一时间各渠道同时完成铺货的目的。

当某一渠道遇到供货不足、发货不及时、物流较慢等问题时，基于货品上新同步，可以形成一套自动销货系统，当有消费者在线上下单时，系统会自动对消费者所在区域识别，自动选出合适的线下货源发货。各个区域的货源情况、发货情况等都能在系统中一一显示，当某区域货品不足时，可以迅速从就近区域调货，以保证货源充足；发货完成、消费者收货后，系统也会跟踪记录；所有的数据信息都能在第一时间更新，提高了零售门店线上线下的运营效率。

XIN LING SHOU
GE MING

06

重构营销体系：
抢占零售市场先机

> 传统零售模式是建立在以商品为中心的营销模式基础上的，用商品价格的调控作为营销的核心。然而新零售时代，零售商需要通过引流、增加黏性、提升复购率等方式打造终身价值顾客。因此，在新零售时代，零售商需要改变以往以商品为主体的营销模式，重构以消费者为中心的新型销售模式，并将如何提升流量、如何增加消费者黏性、如何增加消费者的复购率、如何打造终生价值消费者作为新营销的主线，并以此抢占零售市场的先机。

全渠道营销：给消费者提供无缝购物体验

随着互联网、大数据、人工智能等技术的飞速发展，零售商可以与消费者直接产生联系的渠道越来越多。因此，很多零售商正在不懈追求全渠道营销的能力，力求在每一个接触的环节为消费者提供尽可能多的无缝购物体验。

渠道整合，满足消费者综合消费需求

传统的全渠道营销意味着零售商通过多种渠道能够与消费者之间进行互动，达到营销的目的。这些多样化的渠道包括网站、实体店、服务终端、社交媒体、移动设备、电视、上门服务等。这些渠道相互整合，相互呼应，成为新零售时代全方位的营销力量。但是，在新零售时代，全渠道已经不止限于此，还应当包括商品所有权的转移、信息、产品设计生产、支付、物流等范围在内的渠道策略。零售商可以根据不同消费者对渠道类型的不同需求，实行有针对性的营销定位，并匹配产品、价格等营销要素开展营销活动。

那么究竟为什么要进行多渠道整合，进行全渠道营销呢？

全渠道营销是基于消费者的消费需求变化而出现的。在新零售时代，最具活力、购买力和影响力的实际上是全渠道消费群体。他们不仅全渠道搜索、全渠道选择（包括参与设计、全渠道购买、收货进行全渠道评价、反馈和传

播),全渠道消费者已经渗透到了零售商业务活动的每一个环节(见下图)。

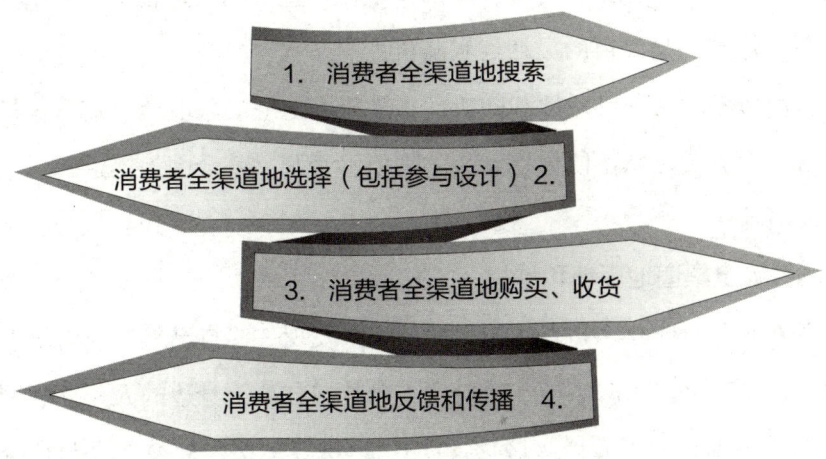

全渠道消费者渗透到零售商业务活动中的四个环节

1.消费者全渠道地搜索

当前这个信息透明化、碎片化、自媒体化的时代,消费者搜索信息的渠道越来越多。因此,零售商应当根据消费者的全渠道搜索,向消费者提供全渠道信息,否则将会失去被消费者发现和选择的时机。

2.消费者全渠道地选择

如今,消费者的需求更加趋于个性化,除此以外,消费者还更加注重参与属于自己的个性化产品的设计,这种设计可以通过线上或线下完成。这样生产出来的产品才是按照消费者的喜好而设计的产品。所以,消费者在购买产品前,还会考虑是否能够进行全渠道的消费者参与产品设计,如果没有向消费者提供这样能够参与产品设计的选择,零售商就会因此而失去服务于个性化的消费群体的机会。

3.消费者全渠道地购买

在互联网时代,消费者购买渠道多样化是一种现象,也是一种难以逆转的趋势。他们往往喜欢在网上挑选自己喜欢的商品,而去线下实体店试用和体验,如果满意才会去网店下单,或者选择快递公司送到自己手中,或者选择在线下就近的实体店下班路过时顺便拿回。这样,整个购买过程中,无论是下单还是取货,体现的是渠道的灵活性和随机性。

针对消费者的这种灵活性和随机性,零售商也应当采取全渠道营销模式,以便增加消费者满足从不同渠道购买的需要。否则,就会因为渠道的局限性而导致消费者流失。

4.消费者全渠道地反馈和传播

人本来就有一种分享和表达的天性,如果发现一些自己喜欢或者厌恶的事物,遇到快乐或不快乐的事情,就会情不自禁地分享给身边的人。互联网、移动互联网的出现,使得微博、微信、QQ、论坛等一系列社交工具与传统的报刊并驾齐驱,共同成为人们快速、广泛分享和传播信息的载体。

当消费者需要全渠道进行反馈和传播的时候,零售商就需要考虑为消费者提供全渠道反馈和传播的渠道和路径,让消费者能够及时将自己的反馈内容传播出去,并及时接受和处理他们的赞美和抱怨,否则一旦处理不及时,就会失去消费者的关注和信赖,进而使消费者流失。

可见,全渠道营销实际上是为了满足消费者的综合消费需求而诞生的一种创新营销模式。

思维先行,树立全渠道营销思维

全渠道营销模式是迎合消费者综合消费需求、线上线下渠道合二为一的营销模式。在新零售时代,许多零售商已经着手探索和实践实现全渠道营销模式的各种路径。这些路径为零售商走全渠道营销道路的方向提供了很好的指导。

做任何事情,思想是先行,为后来的行为做指引,所以,设计全渠道营销模式，首先也应当从思维出发，树立全渠道营销的思维。全渠道营销的思维包括三个方面的内容（见下图）：

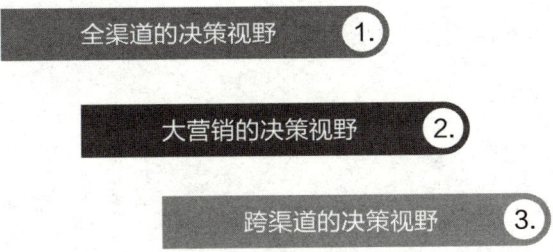

全渠道营销思维包括的三方面内容

1.全渠道的决策视野

在营销决策的过程中，线上线下的所有渠道类型都必须放到营销的"篮子里"，一个都不能少。如果漏掉其中任何一种渠道，就可能会漏掉一个细分消费者群体，最终带来的是一大部分利润的损失。

2.大营销的决策视野

在新零售时代，营销决策的过程并不是一个简单的销售过程，零售商不能将全渠道看作是全部销售的渠道，而是包括产品的全部生产以及销售活动，并且与全渠道消费者的消费行为一一对应：即消费者全渠道下单→零售商全渠道接受订单，消费者全渠道付款→零售商全渠道收款，消费者全渠道收货→零售商全渠道送达，消费者全渠道消费→零售商全渠道引导，消费者全渠道评价→零售商全渠道反馈。

3.跨渠道的决策视野

新零售时代的营销决策的制定，必须要考虑多渠道的交叉和融合。

一方面，注意线上线下的融合。要打破传统"线上电商，线下实体"的分工意识。新零售时代，无论线上还是线下，都是消费者选择消费的有效渠道，对零售商而言，放弃任何一个渠道，就意味着放弃了消费者。

另一方面，注意不同渠道之间的融合。过去，消费者的所有购买过程都是按照一条相同的渠道完成的，或者是选择线上完成，或者选择线下完成。如今却大不相同，消费者可以任意选择自己喜欢的或者自己认为更便捷的方式来完成购买过程，这样零售商就必须提供消费者选择的任意购买渠道，与消费者的选择相匹配。

新手妈妈带宝宝逛商场时，如果发现奶粉忘记带了，恐怕会产生一定的恐慌，要么回家给宝宝喂奶，要么到处寻找奶粉店。但是，如果能够在逛街之余遇到一间合格的母婴室，可能会比产品广告和促销更能赢得她们的认可。北京大红门银泰4楼，天猫首家推出智慧母婴室。这间智慧母婴室是天猫和线下商家共同打造的，它将解决妈妈们逛街时的不少痛点。

初看这家母婴室，与其他大型商业中心的母婴室没有明显差别，内设舒适的沙发、婴儿床、热水器等。但细看就会发现内有乾坤——母婴室还设有冲奶区、护理区、授权区和公共休息区，可以供多人同时使用。

在母婴室里非常显眼的位置，摆着一台基于天猫大数据的无人售卖机，机器内，纸尿裤、进口奶粉、吸奶器等母婴用品应有尽有。但考虑到妈妈们无暇离开宝宝太久去选购商品，为了给妈妈们提供更加便捷的消费体验，只需要拿出手机，通过手机淘宝App扫一扫无人机上的二维码，就能用1分钱的价格领用该机器内的母婴用品。惠氏奶粉、启赋奶粉、美赞臣奶粉等国际一线大品牌，也都纷纷将自己旗下最优秀的产品供妈妈们领用，以借此方式谋求最佳的广告效果。

智慧母婴室迎合妈妈逛街消费的需求，是当前新零售时代发展的产物。该智慧母婴室与传统母婴室相比，其独到之处在于思虑周全，不仅提供休息的地方，还提供冲奶区，更重要的是，能够结合妈妈们的实际情况，将线上线下的消费渠道打通，提供顾客选择更加匹配的消费渠道，即线上下单、支付，线下马上取货的全渠道便捷性服务。

全渠道零售策略，助传统零售商应对零售业新格局

互联网时代，传统的零售业格局随之发生了巨大的变化。传统零售商必须从头设计购物体验，把网购和实体店购物两个方面完美地结合起来。零售商可以在消费者购物路径上的每一个环节中，设计一种更加富有吸引力的全渠道零售营销，以应对当前零售业的新格局。

零售的根本目的就是要实现三件事：第一件是连接用户，第二件是留存转化，第三件是频次复购。制定全渠道零售策略的核心就是帮助零售商实现零售的这三个目的，从而达到利润的最大化。成功的全渠道零售策略将为消费者全新的购物体验带来一场巨大的变革。

那么传统零售商应当如何制定全渠道零售策略呢？目前主要有三种策略（见下图）：

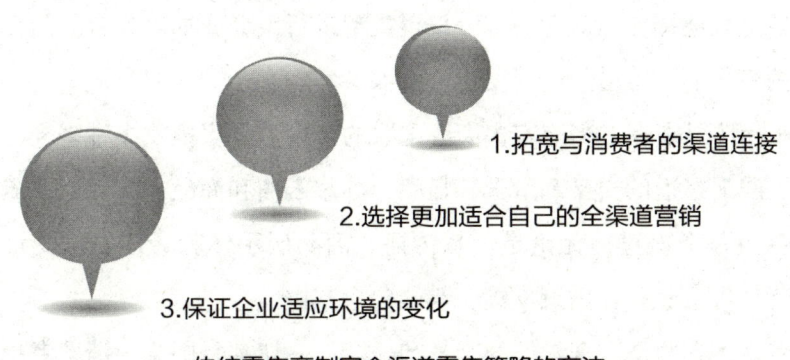

传统零售商制定全渠道零售策略的方法

1.拓宽与消费者的渠道连接

在PC时代，零售业主要是通过B2C的模式运用于电商，打造传统的全渠道运营模式。因此，在当时，很多零售商眼中的全渠道营销就是创办一个简单的电商网站。虽然这种电商网站给零售商带来了不菲的效益，但随着移动互联网的进一步发展，移动设备的普及，再加上各种社交工具的推出，使得传统的全渠道运营模式——电商网站逐渐不能满足消费者购物渠道的需求。

在这种情况下，基于线下商品电子化的移动App应用程序成了新的流行渠道。此时，零售商才发现，全渠道并不是自己之前认为的B2C电商网站这么简单，借助第三方平台同样可以实现企业的全渠道战略。

事实上，随着技术的进步，能够将零售商和消费者相互连接起来的渠道越来越多，这也就意味着零售商与消费者的触点增多，即从最原始的报刊、电视广告、杂志等，逐渐延伸到线上，如自媒体全渠道、社交媒体等。消费者在消费渠道上有更多的选择，零售商则需要在布局营销渠道的时候，将消费者可能会选择的最佳渠道列入整体战略规划当中，增加与消费者的接触点，让所连接的消费者数量实现最大化。

2.选择更加适合自己的全渠道营销

全渠道营销并不是指每一家零售商或每一家零售商的每一类产品都采取全渠道营销，而是在备选框里罗列出全渠道，然后根据零售商特点、市场和产品的竞争情况等选择更加适合的部分渠道类型进行组合或加以整合。简言之，全渠道营销模式下，渠道的选择要量体裁衣。

从实际情况来看，当前零售商所采取的全渠道零售模式多种多样，大多涉及到线上线下渠道的交叉和融合，显然，苏宁云商和尚品宅配对这一点也都做到了，并且每个渠道，无论是信息传播、商品展示体验，还是接受订单、收款、送货、售后服务、信息反馈，都能包含其中。

但需要注意的是，全渠道的交叉和融合，一切都是围绕为消费者提供最佳的、最便捷的消费体验而进行的。但凡能够满足消费者消费体验、符合零售商自身特点的渠道，对零售商来讲，都是帮助自己获益的最佳渠道。

以苏宁云商和尚品宅配为例，对比分析见下表：

苏宁云商与尚品宅配线上线下要素分析表

渠道类型	零售商名称	苏宁云商	尚品宅配
信息传播渠道	线上	√	√
	线下	√	√
商品展示体验渠道	线上	√	√
	线下	√	√
接受订单渠道	线上	√	√
	线下	√	√
收款渠道	线上	√	√
	线下	√	√
送货渠道	线上	√	√
	线下	√	√
售后服务渠道	线上	√	√
	线下	√	√
信息反馈渠道	线上	√	√
	线下	√	√

3.保证企业适应环境的变化

当前，零售业正处于模式转换当中。零售企业也处于模式转换的关键时期。零售企业的转换不仅需要线上线下相融合，还需要与当前的消费环境、互联网环境相适应，对零售企业的产品模式、商业模式、营销模式进行系统转换。

实际情况是，当前很多零售企业在转型的过程中面临诸多阻力：

■人力资源成本消耗大、房租上涨。

■流量规模减小。

■平均交易金额降低。

■忠诚用户数量开始下降。

面对以上阻力,零售企业在进行全渠道战略的过程中,需要做的是尽可能调整自己的业务能力,让自己能够适应不断变化的环境,并在此基础上提升自己的营销能力,具体的操作方法是:

1)制定清晰的营销策略。

很多零售商在打造营销策略时,往往线上线下完全相同,这样往往导致零售商的利润率和销售额降低,因为如果能够在网上买到同样价格的东西,消费者是不会专程花时间去店内购买的。

全渠道营销在商品策略中需要注意的要点是:改变线上与线下销售商品的营销结构和促销方法。因为线上线下各自有优势,制定促销策略的时候,一定要善于将两个渠道各自优势发挥到极致。换句话说,就是鼓励线上消费者走向线下实体店。

线上和线下优惠券是常用的促销方式。但这两种促销方式给零售商带来的回报率却大不相同。

为了分析两种促销优惠券对消费者行为和零售商业绩的影响,某大学的营销学教授专门组织研究团队,调研了一家零售商,随机挑选了5.6万名会员,通过分析其购买记录,发现其中有8692人只通过线上消费,24804人只在实体店购物。研究者以只在线上、只在线下购买商品的33496人作为样本,向其中一些人发放了只能在线上使用的优惠券,同时也向一些人发放了只能在实体店使用的优惠券,还有一些人收到在线上线下都可以使用的优惠券,其余一部分人作为控制组,没有给其发放任何优惠券。

在之后的一周时间里,研究者对所有这些有优惠券、没有优惠券的样本人群跟踪分析其消费情况,还按住宅到实体店的远近,将实验者分为两类。

对那些距离店铺较近的消费者,无论哪类优惠券都没有明显影响其购买行为,零售商的利润也不受任何影响,研究者认为,这类消费者前往实体店的成本很低，不需要额外的激励，也会积极去实体店购物。对距店铺较远且只在网上购物的消费者，线上优惠券给零售商带来的利润是对照组消费者的2倍，通用优惠券则是8倍，但对距离店铺较远且只在实体店购物的消费者而言，线上优惠券给零售商带来的利润却下降了51%。换言之，鼓励网购消费者前往实体店消费，能够为零售商增加利润，而鼓励线下消费者去线上购物，则会减少零售商所获利润。

2）改革自身架构体系。

传统的单纯线上或单纯线下渠道的营销策略，隐藏的零售商内部架构系统也是单一的。而在全渠道零售下，线上线下相互结合，为零售商提供了多种营销渠道。为了保证自身能够适应这种全渠道零售模式带来的订单量突增，零售商需要对原有的架构体系进行改革，合理分配岗位职责，在售前、售中、售后都要设置相应的岗位，为零售商的全渠道运营提供有力的服务支撑。

3）完善自身业务操作体系。

零售商在明确自身业务发展方向之后，应当对原有的业务操作方式进行调整和变革，强化分工的同时还要注重合作，同时还应当根据整体架构为各部门、各岗位安排相应的职责与任务，并在此基础上逐步完善零售商整体业务操作及运营体系，为业务顺畅发展提供有效保障。

总而言之，在移动互联网下，零售业所处的环境变化莫测，零售商唯有及时制定全渠道零售策略，才能快速适应新的、多变的新零售环境、融入零售业的新格局，才能持续受到消费者的追捧。

体验营销：体验经济时代，给用户带来多元化体验氛围

在当前的市场环境下，无论对消费者还是对零售商来讲，门店体验价值都尤为重要。当前处于一个市场竞争高度激烈的时代，消费者是市场竞争的核心，谁能够为消费者带来良好的消费体验，谁就能俘获消费者。特别是在当前互联网高度、快速发展的环境下，消费者对线下门店体验的需求，为门店体验价值的打造提出了更高的要求，零售商需要对门店体验价值的打造给予更高的重视。

在新零售领域，已经有越来越多的零售企业改变了传统营销模式，打破了产品、渠道、行业的边界，进行了各种营销模式的创新。他们希望能够让社会资源得到有效利用，并能够在此基础上为消费者打造更加多元化的体验氛围和场景。无论是盒马生鲜、京东超市，还是无人超市、无人便利店，都无一不体现出了多元化体验是传统零售迈向新零售、有效提升销量的一柄利器。

场景必须融入到互联网环境中

在新零售时代，电商面临的问题是如何充分调动线下资源为线上服务，而实体零售店需要解决的是如何利用原有资源，辅以互联网技术，实现"逆袭"。

事实上，很多实体店已经找到了向新零售转型的策略——构建消费场景。

新零售可以说是一种场景化零售，在新零售时代，实现了购物场景化、场景娱乐化。这样能够将消费者有效吸引到店内，提升消费转化率。马云说过"线上线下以及物流的结合，才会诞生新零售"，而新零售场景的打造也离不开线上、线下的相互结合。简言之，线下零售店铺场景的打造，必须融入到互联网环境下，才能产生超乎想象的营销效果。

目前，线下实体零售店融入互联网向新零售转型的方式有两种：

第一种，越来越多的实体店不仅增加了线下体验服务，还借助移动互联网技术展开网上营销。

如大悦城、环球港等新老连锁购物中心，就是以体验取胜，借助移动互联网互动做营销产品。

第二种，部分传统实体店升级改造，在此过程中引入互联网基因。

如物美超市与网络电商平台联手合作、百联集团与阿里巴巴牵手、永辉与京东合作、苏宁携手阿里巴巴，这些都是传统实体店引入互联网基因的代表。尤其是百联集团与阿里巴巴牵手之后，旗下的第一百货商店与东方商厦南东店同时升级改造，融入"互联网+"的概念，为消费者提供全渠道、全品类的购物体验，以满足消费者全时段、全客群、多场景的消费需求。

总之，实体店联手互联网，使得其场景价值的变现能力进一步提升，从表面上看，是零售产业融入数字化及互联网化的特征，而本质上是零售商借助互联网、移动互联网技术，结合实体零售的模式，打造多元化消费场景，帮助实体店实现了线上与线下的无缝对接，对原有线上线下资源重新配置，充分满足了消费者的个性化需求，同时创造了新的商业价值，通过优质的增值服务给零售企业带来更多的收益。

打造能够触发需求感应的场景模式

在当前商品极大丰富的市场环境下,传统仅仅借助商品吸引消费者并能够有效触动消费者购买的方式已经不再奏效。零售商需要寻求一种更好的方式,结合消费者需求的特点,打造出能够触发消费者需求的新场景模式。

1.打造生活化场景模式

生活化场景即完全按照人们日常生活中出现的场景,根据人、时间、地点和物之间的关系营造一个更加有生活氛围的销售场景。

生活化场景的特点是能够让消费者进店即有一种"家"的感觉,完全不觉得自己是在逛商场,在十分轻松、愉悦的状态下产生消费行为。

以电商起家的服装品牌茵曼,也从线上走到线下,开设了实体店。在茵曼的实体店内,充分融入了品牌"让生活,慢下来"的理念,通过场景的生活化,能够给消费者带来"家"的温馨感觉,让消费者在线下实体店中能够体验到线上无法切身感受到的"慢生活"的新兴购物模式。

茵曼的店面门头设计就给人一个小院子的感觉。在店内,一共分成三个起居间,包括客厅、餐厅和卧室,给消费者营造出不同的家庭生活场景,更加注重与消费者的情感互动和交流。

店里的地毯、圆桌、沙发,共同构建了人们居家生活的客厅。如果消费者进店试衣累了,可以坐下来,像在家一样轻松、惬意地休息,陪同的伙伴也可以在等待消费者换衣的时间里舒服地玩手机打发时间。

客厅的斜后方放了一套餐桌,再加上普通家庭餐厅吊灯,一个小餐厅的感觉就立刻出来了。茵曼还会为消费者泡上一杯花茶,让消费者在买衣服的同时还能在这里轻松畅聊、喝下午茶。

茵曼在卧室里的转角处放置了沙发和小方桌,再用台灯点缀,一种非常温馨、恬静的卧室氛围就被烘托了出来。

纵观全局，茵曼的场景布局已经不再停留在旧有的模式上，而是打破了过去消费者花钱买东西满足衣食住行的观念，站在如今消费者追逐体验的立场上，通过生活化场景模式为消费者带来更加有生活氛围的消费体验。这种生活化场景模式也吸引了很多年轻消费者进店体验，并为茵曼带来了销量的提升（见下图）。

茵曼实体店

2.打造社交化场景模式

从著名心理学家马斯洛的需求理论来看，人们首先需要满足的是生理需求，其次是安全需求、社会需求、尊重需求、自我实现需求（见下图）。如今，零售业销售的产品中绝大多数已经完全可以满足消费者的生理需求、安全需求，在此基础上人们追求更多的是满足社交需求和尊重需求，直到自我价值得以实现。这也解释了为什么当前零售业在迈向新零售阶段注重给消费者带来社交化体验场景的理念。新零售时代，零售场所正在成为一些消费人群的社交场所。

马斯洛的需求理论

马斯洛的需求理论
（发挥潜能、实现理想的需求）

尊重需求
（受到尊重与肯定的需求）

社会需求
（对爱情、友谊、归属感的需求）

安全需求
（对安全、稳定、秩序的需求）

生理需求
（身体对食物、温暖的需求）

广州有一家"不打烊书店"，这家书店店面不大，但布局典雅成了一家书店+咖啡的典型社交意义上的门店。

消费者进入店内，不但可以坐下来看书，还可以就书的内容交流。此外，该书店每周还专门聘请相关专业人士举行一次读书交流活动，吸引很多人到店，提升了营业额。显然这家书店已经不再是单纯的书店，同时也是一家咖啡吧，已经超越了传统的单纯消费场景和模式，是新零售时代消费场景的一次升级。

"粉丝"营销:"无粉丝"不营销

任何时代的消费活动都离不开消费者。在互联网时代,零售商经营消费者,其实就是在经营"粉丝"。

借助"粉丝"之间信息的相互传递,能够达到与口口相传相同的口碑传播的目的,能够让更多的人参与品牌的分享和传播,并实现从潜在用户向"粉丝"、再向忠实消费者的转化。

零售业的核心竞争是争夺"粉丝"的竞争,所以,在新零售时代,线下实体店要想与互联网接轨,首要就是学会经营"粉丝"。因为"粉丝"可以为店铺聚集大量人气,带来销量不断提升,可以说,在当下,无"粉丝"不营销。

在当前的环境下,零售商面对的"粉丝"具有以下特征:

■年轻化

当前消费的主力军为"85后""90后""95后",而新零售打通了线上线下、布局全渠道,这也就自然摒弃了一些年龄相对较大、对互联网依赖程度较少的消费群体,使得新零售的"粉丝"趋于年轻化。

■个性化

担任消费主力军的群体更加追求个性化,以此彰显自我与众不同的性格、品位,同时他们对消费场景也提出了极高的要求,唯有个性化的场景和服务才对其有吸引力。

■ 多元化

这个消费群体所对应的需求也趋于多元化。他们对产品品类、风格、材质、购物场景等提出了更多的细分诉求,同时还希望通过各种渠道获得更加快速、便捷的购物体验。

■ 社交化

他们是土生土长的"互联网时代诞生人",基于此,绝大多数的社交活动都是通过互联网、移动互联网实现的,他们更加愿意在虚拟社交中寻找自己的伙伴,并在虚拟世界里向伙伴分享自己的生活和内心世界,并进行各种互动活动。

借助"粉丝经济",使"新零售"快速变现

过去,"粉丝"都是特指那些追星群体,虽然这些"粉丝"在年龄、性格上存在很大差异,但提升人气功不可没。

随着互联网发展,"粉丝效应"已经不仅仅局限于明星"粉丝",企业也开始利用"粉丝效应"提升自己的形象和品牌口碑。因此,"粉丝经济"已经日渐蓬勃,只要有足够庞大的"粉丝",利润滚滚而来。

在新零售时代,"粉丝"可以提升店铺热度,增加人气。所以,零售商如果能够把握住"回头客",就可以利用"粉丝经济"拥抱互联网,迈向新零售。

互联网的本质就是"粉丝经济",身处互联网时代的新零售,更是离不开"粉丝经济"的力量。越来越多的零售商开始意识到,哪怕自己的店铺再小,只要拥有了大量"粉丝",就无异于拥有了强大的影响力,则提升销量、加速迈进新零售时代是自然而然的事情,因此,如何获取更多的"粉丝"成为零售商的重点关注。

1. "粉丝"有奖互动

作为零售店，身处互联网时代，"吸粉"的过程也应当从互联网思维出发。有奖互动是零售商强效"吸粉"的重要途径。

所谓有奖互动是通过设立奖项，吸引用户参与到互动活动当中。

星巴克有许多线下实体店，为了能够大量吸引粉丝，星巴克经常开展有奖互动活动。星巴克"用星说"版本在升级为2.0版后，为了能够让更多的用户主动升级2.0版本，星巴克开展了一次题为"有爱的人向群里发送了咖啡大红包，@All"的有奖互动活动。转发者选择多款心意礼物，打一个"咖啡礼包"发送到微信群，就能够和多位好友共同分享欢乐的咖啡好礼（见下图）。

星巴克与"粉丝"互动界面截图

星巴克将"咖啡好礼"作为用户转发的奖励，激励用户广泛参与互动的积极性，一方面有效增强老用户的黏性，另一方面又通过转发的形式吸引新用户加入。之后，无论是新用户还是老用户，可以带着"咖啡好礼"到线下实体店兑换咖啡。星巴克的这种有奖互动方式有效"吸粉"，增加了"粉丝"数量，更重要的是为实体店增加了销量。

2.给"粉丝"实实在在的帮助与实惠

对零售店来讲，经营目的是为了让更多的粉丝能够接受产品和服务，并以此吸引更多的消费者成为"粉丝"，为店铺带来更加可观的销量和利润。然而，零售商要想吸引"粉丝"，就需要给"粉丝"带来一些实实在在的帮助与实惠，这样粉丝才会对零售商产生认同感和信任感。

惠氏奶粉为了能够大量"吸粉"，开辟了"惠氏妈妈俱乐部"公众号，这里有很多内容是针对妈妈们打造的，给妈妈们带来很多实实在在的、更具实用性的帮助，妈妈们可以从中学习到许多"育儿经"。这使得妈妈们对惠氏奶粉产生了更多的信赖，更愿意成为惠氏奶粉的忠实"粉丝"（见下图）。

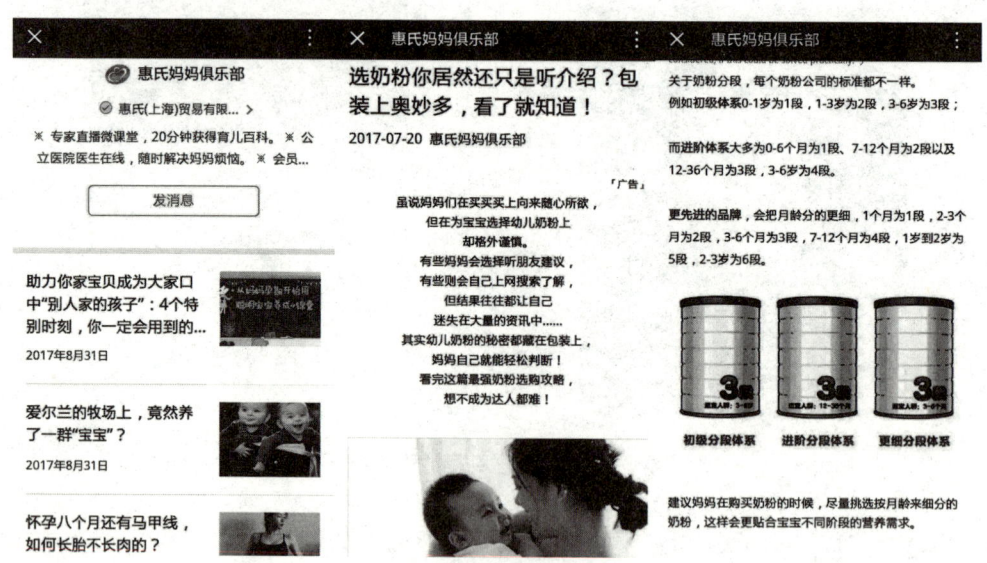

"惠氏"妈妈俱乐部界面截图

正是因为惠氏奶粉站在妈妈们的立场上，为其提供有价值的知识和信息，让妈妈们对其产生强烈的认同感和信任感，而惠氏奶粉也因此在惠及别人的同时，为自己带来真正的实惠。

3.免费赠送福利

"免费"是互联网思维中的一个重要思维，很多电商都在用免费思维进行营销。新零售时代，本质就是线上与线下相结合，所以零售商同样可以借助互联网思维中的免费思维来为"粉丝"免费赠送福利，以此吸引"粉丝"的关注，从而达到大幅"吸粉"的目的。

免费赠送福利，实际上是以免费作为"引子"，吸引"粉丝"。通过免费赠送福利吸引"粉丝"，零售店一定要提前做好准备，要使免费赠送的福利能够让粉丝满意，否则不但不能成功"吸粉"，还会产生负面影响而"掉粉"。因此，免费赠送用户福利时，要保证"福利"能够符合用户的心。

正值《解忧杂货店》热映之际，国美电器在线上为"粉丝"送出《解忧杂货店》电影票的福利，并借电影名称"解忧杂货店"五个字，引出国美历经31年，焕新出发的国美"解忧店"，并告知用户国美管家可以帮助用户对家中的老家电进行"清洗保养、移机等维护服务，让家电焕发第二春"。同时还可以提供旧家电收购、手机出租服务。

毫无疑问，国美将免费发放电影票作为福利，以此引子吸引粉丝，之后再进一步引出国美管家，一方面帮助用户解决"留置无用、弃之可惜"的老旧家电处理的问题，为用户解决老旧家电的烦恼；另一方面，在手机出租服务中，用户只需每天支付13元，就可以用低价享受到高端手机的使用权，成功解决"剁手党"花高价"买买买"的烦恼。通过这些优质的服务，帮助国美达到大幅"吸粉"并关注国美管家的目的（见下图）。

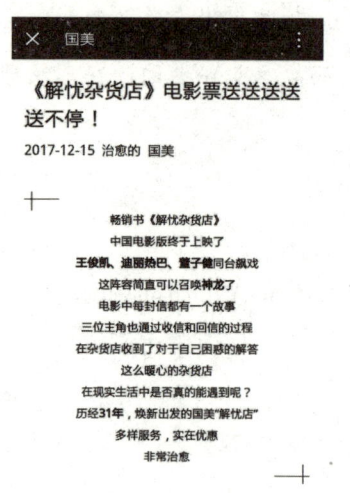 

国美赠送福利界面截图

培养长线"粉丝",形成稳定的商客关系

如今,新零售已经成为零售行业的最大亮点,这是互联网、移动互联网的发展为零售行业带来的全新发展机遇。在新零售时代,我们不难发现,"粉丝"经济已经成为支撑整个新零售发展必不可少的一部分。新零售的基础是生活,而并不仅仅是生意。因此,这一切就变得更加明朗化了。

对零售商而言,能够成功"吸粉"并不代表着已经万事大吉,关键还是需要将这些"粉丝"实现消费转化。只有产生实实在在的消费行为,才能为零售商带来可观的利润。否则所做的一切都是徒劳的。

因此,零售商如何能够玩转"粉丝经济",做好"粉丝"维护,将粉丝进一步培养成长线"粉丝",即"死忠粉",并形成切实的商客关系,产生实实在在的消费行为,这才是零售商培养"粉丝"的最终目标。

1.抛出问题,引发互动

在"粉丝"管理和维护的过程中,零售商需要与"粉丝"之间进行更加密切的互动,通过抛出问题,引发互动,才能拉近与"粉丝"之间的距离,并在互动的过程中使双方形成更加和谐的关系,更重要的是能够提升零售商在"粉丝"心目中的良好形象。

朝阳大悦城集吃穿喝玩乐为一体,为消费者提供应有尽有的与生活有关的产品和服务,也因此而聚集了一大批"粉丝"。但朝阳大悦城还经常推出一些互动活动,以此来拴住"粉丝"。

如朝阳大悦城借助微信公众号向粉丝发起了一个话题讨论"为什么每到冬天,我们如此想念家乡的味道"。这一互动话题,将广大"粉丝"聚集起来,引发了粉丝热烈的互动和讨论,并有效将"粉丝"培养成为长线"粉丝",并基于此形成了稳定的商客关系(见下图)。

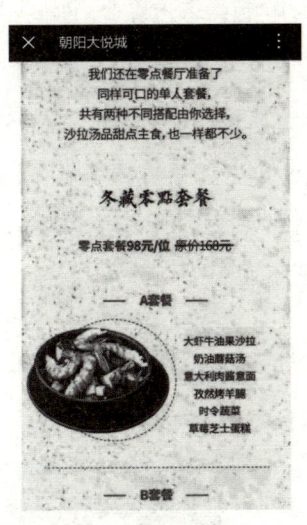

当"粉丝"看到这个问题之后,尤其是当下正值冬季的时候,自然会引发大批"粉丝"的关注,激起其阅读的欲望,并在脑海中情不自禁地呈现出家乡特有的美食。在阅读的过程中,不难发现,朝阳大悦城为"粉丝"们送上了各种"冬藏美味",附上了各色美食关于爱情、关于故乡的深刻记忆,让"粉丝"的思绪仿佛穿行在美食盛宴当中,并幻想着正在冬日品味着舌尖上的温暖

滋味，激起了粉丝"吃"的欲望。正当"粉丝"思考去哪里才能获得味蕾的满足时，恰如其分地顺势附上了零点餐厅各具特色的美食套餐，从而很大程度上能够让粉丝将自己对家乡的思念回归味觉，迫不及待地去朝阳大悦城零点餐厅开启畅享冬藏美食之旅。

2.抛出巨惠，增加"粉丝"黏性

利诱是一个永远都适用的"吸粉"利器。零售商如果要借助"粉丝经济"的力量培养长线"粉丝"，就需要抓住"粉丝"希望获利的心理，为其提供优惠或好处，给"粉丝"带来尽可能多的优惠。同时，持续的利益、优惠能够很好地黏住"粉丝"，是保证"粉丝"长时间不流失的关键。

物美超市与多点平台合作，实现了线上线下的相互融合。物美借助多点平台给粉丝发送巨惠信息，以此增加粉丝黏性。

2019年6月4日，物美超市在其微信公众号上发布了这样一则巨惠信息："【500元现金】送送送送送送！"而且还附上了具体挑战家乡饮食风俗赢500元现金的活动规则，并且给出示例，为"粉丝"支着如何才能获得500元现金的方法（见下图）。

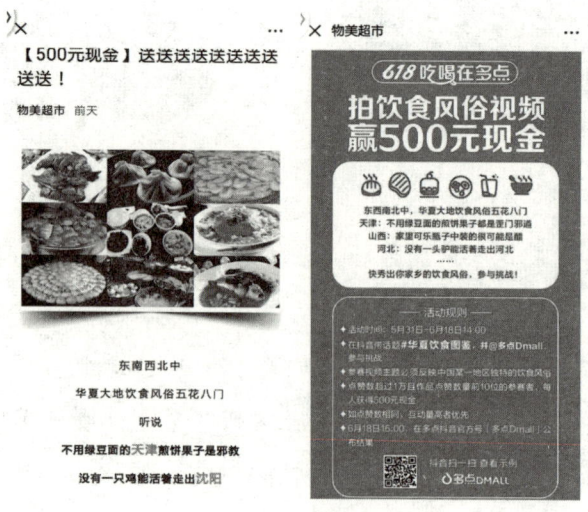

物美超市抛出的这一巨惠，能够让广大消费者的热血沸腾起来，很好地捆绑了"粉丝"的关注度，吸引着"粉丝"的不断光顾。不但黏住了"粉丝"，还为实体店带来了巨大的销量。

社群营销：传统零售转型新零售的最短路径

零售业能够持续发展的核心是用户，在拥有庞大用户的基础上构建强关系，这就需要一个有效的群体作为载体。

社群本质上具有商业社会所必需的稀缺品——信任，再加上社群本身具有用户量大的特点，所以可以在社群内通过互动、口口相传形成有效的免费的品牌信息传播，促进用户对品牌的认知，进一步促进交易的增长。

新零售是通过场景化互动让消费者重新认识品牌。店铺给消费者的第一感觉会逐渐成为他们的长期认知、共同认知，进而孕育社群，最后会沉淀为一种独一无二的品牌文化。可见，借助社群的力量，社群成员进行转介绍，既是最快速的路径，又是实现传统零售向新零售转型的最短路径。

构建社群新零售商业模式

社群的定义就是一群有相同目的和相同属性的人聚集在一起干一件大家都喜欢的事情。互联网的不断发展给了我们很多机会，建立了人与人之间的连接，在这种连接下，社群的商业模式也就随之产生。社群商店是其中一种商业模式，此外还有社群微商、社群电商。

社群商店是当下一种全新的商业模式。这种模式的实现是由消费者与店铺之间的互动频次决定的。因为,频次决定了零售店的社群生态,如果零售店的促销活动、优惠活动的频次非常低,那么是很难吸引消费者的,所以在这种低频的营销活动中是很难建立社群文化的。只有高频次开展营销活动,才能让消费者与零售店之间的关系更加紧密,才能吸引具有共同利益的消费者,这样才能构建成为一个社群,这样的零售才是社群新零售。

概括来讲,就是移动互联网的高速发展,让人与人、人与商品之间建立了广泛联系,也使得新零售加社群的新商业模式成为最大的机遇与可能。

基于社群的新零售,完全解决了传统零售业的传播、连接、沉淀和支付这四大核心问题(见下图),尤其是传播的再造。一个产品的业绩取决于产品在消费者群体中的渗透,而渗透是从传播开始的。传统零售的传播方式往往受限,而在互联网、移动互联网时代,传播渠道增加,线上线下相结合,使得零售业实现了全渠道传播。

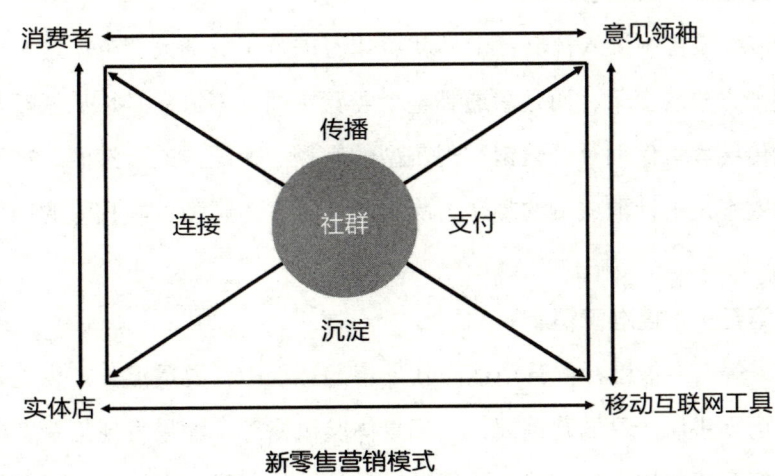

新零售营销模式

面对社群新零售扑面而来,传统零售商迈入社群新零售通常需要经过以下几个步骤:

第一步:自我识别

零售商想要进入社群新零售时代,首先就是要认清自己所积累的核心优势，包括核心能力、资源，以及弱势、瓶颈，商品所处的行业本质、当前的竞争态势，这样才能保证在后续的步骤中充分发挥自己的优势资源，找准社群构建的方向，这样能够对社群新零售商业模式的构建起到事半功倍的作用。

第二步：自我定位

就当前现状来看，社群存在着运营难、变现难、做大之后容易引发蒸发效应等方面的难点，社群的构建和运营还需要进一步改善和提升。任何行业基于社群的转型，意义不亚于二次创业。所以，构建社群新零售商业模式一定要做好定位，然后小步快走，稳中求胜。

第三步：界定群体

社群新零售模式实际上就是在一场巨大的零售变革的夹缝中求生存、求发展、求颠覆，所以零售商需要认真界定目标消费者。只有品牌人格化才可以与以人为核心的社群建立起持久的"联姻"关系。

第四步：战略思维

传统零售中渗入社群营销，就意味着进行了一场大变革，这种变革不仅仅是营销方法的变革，而是渗透到整个经营层面，零售商必须从战略角度来重新思考传统零售借助社群营销实现转型的途径、变现方式。然而，这种转型和变现的效率是由社群成员的凝聚力决定的，凝聚力越强，则相应的销售转化率就越高。

第五步：精准营销

零售商在借助社群营销迈向新零售的过程中，要重点分辨意见领袖是否高度认可零售店产品的营销模式、场景体验风格等。如果发现消费者想借助社群营销打开或重构市场，就需要借助意见领袖的力量，在社群中以单品爆款作为社群成员连接的纽带，让社群成员爱上产品、喜欢上这种场景体验。基于社群成员共同的爱好，可以让这一单品爆款产生巨大的销量，实现精准营销。

第六步：引流和沉淀模式

微商、各种自媒体平台是当前社群营销领域常见的引流渠道，可以实现产品、品牌价值传播和分享。

第七步：持续运营和优化

在持续运营和优化过程中，需做好以下几点：

1）品牌人格化。

品牌人格化的目的是为了唤起消费者的情感诉求，并进一步拉近品牌与消费者之间的距离。人格化品牌更加适用于那些产品同质化高、决策简单、信息不复杂的品牌，这类品牌和产品对情感诉求往往多于理智诉求。品牌人格化之后，更加有助于消费者对品牌的接受和认同。

2）打造社群亚文化。

亚文化指的是与社会主流文化相对应的那些非主流的、具有局部性特点的文化，这种文化只属于某一区域或某个特定的集体所有。社群本身就是一个特定的群体，所以一个社群内部如果有自身的文化，则意味着这个社群内部有很强的聚合能力，对外有着进行文化输出的能力，这种社群的价值要远大于一个单纯的人员聚合型的社群。在这样的社群里，社群成员之间产品、品牌信息的传递则更加快速，有利于更多人在最短的时间内提升对产品和品牌的认知。

3）走到线下，稳定社群关系链。

当一个社群内积聚了大量对某一产品或品牌的认同之后，就可以将这个社群逐渐引入线下实体店，让其真正走到产品和品牌中来，感受品牌人格化的魅力。另外，还需要为社群成员提供更加能够迎合其个性化的场景服务，提升体验满意度，这样可以有效稳定并优化零售商与社群之间的关系。通过这两方面的基础工作，可以有效激起社群成员的消费热情，成功提升销售转化率。

杭州一城游网络科技有限公司和青青果园共同搭建社群营销，打造了社区新零售的商业模式。他们首先结合当地水果市场的现状，以及自身的资源和渠道优势，推出了线上线下的社群新零售运营方案。

他们的成功是有章可循的。

1.设定价值观和目标

设定严格的建群体系，包括建群的群规、人员分工、用户分享、礼仪规则等，设定了一套严格有效的运转体系。

2.定规矩

青青果园在微信社群当中明确说明了公司的目标和价值观：青青果园是以更高品质、更低价格为新生代中产阶级品质生活提供所需产品和服务的平台。在这里除了产品购买信息之外，其他都是如何服务客户的信息、群内分享的内容主题、邻里互助等内容，看似与直接卖水果没有太大的联系，但这种做法正是在潜移默化地为社群逐步建立一种亚文化——这才是一个水果社群零售商应该做的事情。

3.人员分工

青青果园群规中还明确写出："本群采取管家+小鲜专属客服方式"。这也就明确了水果微信社群的管理人员架构是：一个管理员+一个小秘书。管理员掌管大的方向，做出最终决策，而小秘书则负责日常的客户服务事宜。两人相互配合，分工明确，共同支撑整个社群的运营。

4."吸粉"

在"吸粉"环节，青青果园借助向社群成员送菠萝的方式"吸粉"，"粉丝"拉人进群同样送菠萝，这样通过转介绍的方式就使得群内"粉丝"数量猛增。这种"吸粉"方式虽然看似成本高，但在以后巨大的销售转化率面前可以忽略不计。

5.激活"粉丝"

成功"吸粉"并不代表这些"粉丝"就都是"活跃粉"。为了让这些粉丝变得更加活跃，青青果园还借助有温度的内容分享来激活那些"僵尸粉"。因为水果社群当中绝大多数都是女性，她们比较关注的是食材安全、育儿上学经验、减肥美体、美食、宠物等话题，如果想成功激活"粉丝"，就必须有相关专业人员引导分享专业知识。群主对那些积极分享内容的"粉丝"，可以以赠送积分、发放优惠券等方式，提升其互动能力，有效促成销售转化率的提升。

6.线下活动

相识不如相见。线上相识并相知，可以在线下举办各种活动来组织社群成员见面，通过互动的形式拉近与"粉丝"之间的关系，通过对"粉丝"关系的维护，进一步提升销售转化率。

经过以上步骤，青青果园在精心的筹划和周密的社群运营下，一个月的销售额从原来的60万，提升到了100万，让青青果园获得了巨大的收益，并从一个传统的水果零售商实现了向社群新零售的转化。

搭建多种社群平台，无缝渗透用户

口碑、社群是新零售时代销量提升的关键。当前，随着消费者与互联网的联系更加紧密，就会发现以往的广告和媒体方法都不能起到很好的信息传播效果，相反口碑则变成了品牌传播的重要手段。

在整个商业结构中，消费者从原来的最底层翻身爬上了最顶层，改变了以往传统零售商说了算的时代，而是转向消费者说了算的时代。这也就意味着谁和消费者的关系更近、更好，谁就能掌握消费者的心理和认知，谁的产品就能以最快的速度到达消费者手中。显然，流量与口碑成正比关系，而这种正比关系可以通过社群效应不断放大。

在这种趋势下，零售商更应当搭建多种社群平台，让品牌信息、文化以最快的速度，无缝渗透到消费者当中。

目前两个主要的社群平台是微博社群和微信社群（见下图）：

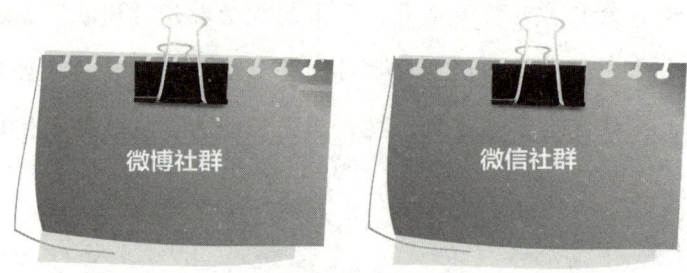

两大主要社群平台

1.微博社群

微博作为自媒体平台，本身就具有信息传播的作用。零售商可以借助微博搭建一个微博社群，并在社群内发布有关产品和服务的信息，还可以发起话题讨论，引起社群成员在情感上产生共鸣，进而关注产品，并形成自动转发。此外，零售商还可以通过个人魅力，在微博平台上搭载自明星，形成自我的社群形式。

小米科技是成功搭建微博社群开展营销活动的案例之一，尤其是在创新活动保持活跃度方面做得相当不错。小米的"米粉"实际上就是一个社群。当小米在微博上发布一则活动消息之后，每隔2小时就拿几台小米手机让"米粉"们抢，这样就把"米粉"的情绪调动起来，要求粉丝关注它和转发它的一条微博，就有机会得到一台小米手机。

小米的这一微博营销策略吸引了很多人去转发，并且在相互的转发过程中让更多的人关注到了小米，并对其微博进行再次转发，这样就把消息更大范围地扩散开来。对小米来说，小米手机本身是自产自销的，几台手机的成本价也就是几千元。小米这样做只需花少许的成本就能换来惊人的品牌推广效果，这比在广告公司所花的广告费少了几十倍，是非常"划得来"的。也正是因为小米注重微博社群平台的搭建，从而使其从最初的一个"无名小卒"迅速崛起，成为国内手机零售行业中数一数二的零售企业。

2.微信社群

微信是社群构建的一个重要的平台。很多零售企业建立微信公众号就是为了借助微信公众号平台获得更多用户的关注,再经过精心的策划(发表话题性文章、社群互动等)之后,构建一个聚合力非常强的社群,进而为自己的产品展开社群营销活动,实现产品销量提升的目的。

御见叔叔起司蛋糕店是一家蛋糕零售店。在起初开张的时候,御见叔叔起司蛋糕店借助微信公众平台进行运营和推广产品,抓住"吃货们"的软肋,创建了众多互动优惠栏目,为"吃货们"提供更多能够满足"吃"的欲望的信息分享,如互动活动、最新优惠、会员专享等,"吃货们"只要进入御见叔叔起司蛋糕店微信官网,就能看到很多最新的优惠活动;只要动动手指,就能玩转大转盘,拥有获奖机会。获奖者可以拿着手机到御见叔叔起司蛋糕店兑换相应的蛋糕奖品。这种方式成功吸引了众多粉丝,并快速实现了微信社群的组建。在第一个月,御见叔叔起司蛋糕店微信公众平台的订阅用户数量就达到了29875人,可谓一炮打响了御见叔叔起司蛋糕店在吃货圈的知名度。

之后,御见叔叔起司蛋糕店还在微信平台上开发了"商城选购""在线订餐"的功能,这样很多宅在家中不愿出门的"吃货"不用去实体店排队,也能在家坐享快速的送餐服务。御见叔叔起司蛋糕店通过微信社群平台的搭建,实现了线上线下的融合,使得其在开张的第一个月就创下了15万元的营业额。

当然,除了微博社群和微信社群这两大社群之外,还可以通过QQ社群、空间社群、论坛社群等各种平台的搭建提升零售店以及其产品知名度,获得更多消费者的关注。借助各种社群平台,可以让品牌更加快速地渗透到更多用户当中,激起用户的抢购热。

XIN LING SHOU
GE MING

07
重构商业模式：
传统零售在新零售时代实现凤凰涅槃的路径

> 新零售也是一种商业模式的重构。随着经济的发展，以及前沿技术的革新，如人工智能、大数据、VR技术、3D技术等快速发展，技术创新的同时也引领了商业模式的转变。

O2O模式：实体零售O2O开创新零售格局

在电商的巨大冲击下，实体零售业被逼到了悬崖边缘，而O2O模式则让实体零售业又看到了活下去的希望。当前，O2O带领实体零售业大踏步走向新零售时代，开创了新零售的新格局。

新零售O2O的核心：线上+线下+物流

马云在提出"新零售"这个概念的时候，讲到新零售不是电子商务那么简单，并认为纯电子商务将会成为一个传统的概念，在未来的10年、20年没有电子商务一说，只有新零售一说。

马云这番话，意味着在未来，线上、线下、物流相结合是必然，只有这样才能诞生真正的新零售。换句话说，就是线下的企业必须走到线上，线上的企业必须到线下来，线上线下必须与现代物流结合在一起，才能真正创造出零售行业全新的未来。

马云还认为：物流公司的本质不仅仅是要做到谁比谁做得更快，而未来的本质是真正去消灭库存，让库存管理得更好，让企业的库存降到零，只有这个目标才能达到所有物流的真正本质。

马云所提到的这些与"新零售"有关的内容，其中最鲜明的核心就是"线

07 重构商业模式：传统零售在新零售时代实现凤凰涅槃的路径

上+线下+物流"，打造真正的新零售O2O。

新零售O2O之所以会出现，是因为传统零售行业本身是以商超、便利店、百货等实体店为主，业务的覆盖范围就是与其距离比较近的周边地区，这样就使其业务量因地理位置的不同而产生较大的差异，有的商超非常火爆，有的却鲜有人问津。另外，还有一个重要原因就是很多实体店因为其自身发展的原因，各种服务体验系统并不完善，虽然能够运用一定的营销手段，如促销、折扣、买赠等方式吸引消费者，却不能在这个"懒人经济"时代满足消费者"懒"的需求，不能为其提供更多的物流服务。对那些没时间逛超市或者不愿意大包小包拎回家的消费者而言，他们更希望享受到便捷、高效、及时的服务，零售商为了迎合消费者这种需求，创造新零售O2O模式。

随着线上电商、线下实体零售商、物流三方面的相互融合，零售商需要将商品价格、质量、体验这三方面的要素统一起来，为消费者提供更加有针对性的、专业化的服务。这样，线上所担任的是概念体验、生产体验、场景应用体验、交易体验等功能；线下的任务就是为消费者提供产品体验、服务体验、物流配送、娱乐销售体验、社交销售体验等功能；而物流方面则身兼更加重要的职责，不仅要为线上线下的交易互通提供保障，还要为消费者的便捷消费体验提供有力的支持。

新零售O2O以线上线下的融合为基础，实现了价值传递、需求传递，实现了对线上线下供应链及物流体系的打通。因为线上线下的融合，需要借助虚拟技术的支持来实现，使得品牌能够为消费者提供更多优质的体验。同时由于实际场景体验的缺失，虚拟场景的再现需求也将越来越明显。线上购物实现虚拟化，为消费者带来全新的优质购物体验，就必须将人性化、流畅化、简易化作为三个重要的特点呈现给消费者，而这些特点的实现就必须借助新技术，这样虚拟现实技术的应用就成为可能。

此外，新零售O2O不仅是做一个线上渠道，还能够在用户引流、用户体验、购买支付的流程简化、广告效应、线上线下的口碑传播、附加服务等问题上，通过互联网和数据分析等手段更好地提供给消费者和零售商，同时满足两方面的需求。

总之，传统零售转型新零售的战役中，零售商需要和传统电商赛跑。只有新零售O2O的三大要素——线上、线下、物流同时具备，才能为消费者提供更加便捷的服务体验，才能消灭库存，减少囤货量，顺畅地实现新零售的O2O模式（见下图）。

传统零售转型模式

新零售O2O的出路：客户价值大于渠道价值

纵观零售业发展的历史，没有一家零售企业是依靠营销成功而保持可持续发展的。这个规律不仅适用于零售实体店，而且也适用于电商企业。新零售的本质就是客户价值，而非渠道价值。这也正是新零售O2O的出路，即客户价值大于渠道价值。

无论电商还是实体零售，都应当以消费者为中心，在商品信息呈现、库存管理、消费体验、订单支持、物流配送、售后服务等全业务链中全面提升，形

07 重构商业模式:传统零售在新零售时代实现凤凰涅槃的路径

成闭环,这才是新零售O2O得以实现的重中之重。

如今,电商和实体零售店的成本越来越接近,差距越来越小,它们更加注重的是消费者体验和服务。零售实体店如果能够在以提升消费者体验为目标的基础上,在技术应用、基础设施、供应链管理、"粉丝"服务这四个方面进行突破,能够为客户带来更多的价值(见下图)。

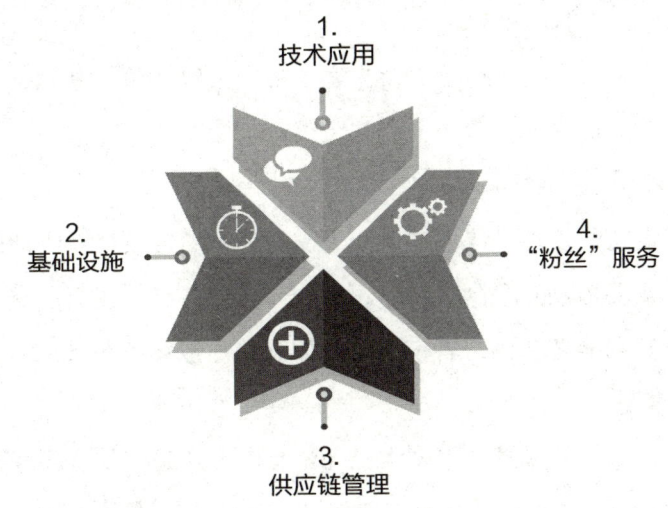

新零售O2O为客户带来价值的四个方面

1.技术应用

智能终端作为新零售全渠道的关键节点,将为消费者带来在各个渠道中无缝跳转的极致体验。对当前的实体零售商来讲,类似Wi-Fi之类的定位技术是保证消费者能够获得自然流畅的全渠道体验的关键技术。

例如,室内定位技术不仅可以通过实景导航服务帮助零售商确定消费者感兴趣的方向,还可以提升消费者的购物体验,更重要的是能够帮助实体店零售商进行基于时空商业的产品分析和产品布局,包括精确收集消费者在不同商品上的停留时间,以及消费者的消费路线等。除此之外,与传统的App或者微信公众号相比,室内定位技术在零售业中的应用,可以在特定的时间、位置为特定消费者发送精准商品信息，真正实现精准营销。这样消费者会感觉到零售商比自己更加了解自己，能够获得更加符合自己需求的商品。

2.基础设施

实现新零售O2O的前提是对基础设施的全面打造。应当包含以下几方面：

1）IT基础设施的投入。

IT基础设施是保障线下运营以及为客户带来极致体验的基础，同时也是供应链管理得以提升的基础。

2）虚拟基础设施的投入。

虚拟基础设施的投入是保证线上线下支付体系、会员体系畅通的关键。虚拟基础设施是需要借助互联网优势，再结合零售商自己的经营品类以及产品的组合方式等，布局能够为消费者带来全新体验的虚拟业务场景。

3.供应链管理

全渠道运营下交易规模越来越大，无论是电商还是实体零售商都会将新零售O2O运营的重点放在供应链的整体改造上。对实体零售商来讲，新零售O2O就是在线下体验，线上进行后端的供应链处理。这也就表明，实体零售商必须通过供应链管理的提升，才能在店内商品出现断码缺货的时候，快速从异店或仓库直接快递到消费者指定收货地点，同时能够对各渠道订单进行实时追踪，能够在店内完成虚拟渠道订单的退货。因此，加大供应链管理的投入是新零售O2O提升客户价值的关键。

4."粉丝"服务

众所周知，小米科技凭借"粉丝"营销才取得了如今的辉煌，而实体零售店中的会员体系则成为其实现"粉丝"营销的最佳渠道。当实体零售商让消费者真正感受到线上或者其他渠道购物所不能享受到的服务时，实体零售店的价值和优势就非常明显地呈现在消费者面前。事实上，无论各种先进技术如何发达，无论线上能够让消费者获得如何强烈的便利感，但终究还是无法取代线下体验的功能。那么如何将消费者与零售商之间的买卖关系进一步升华，建立起一种全新的关系？发展"粉丝"则是最好的方式。"粉丝"所代表的是当下的一种潮流，通过参与化、情感化、圈子化的运营，使得消费者集群，成为零售商不离不弃的"死党"，保证消费者与零售商之间消费关系的长期稳定。实体零售商可以借助会员制，将消费者拴牢，并通过会员积分、会员折扣、会员互动等形式，将普通会员进一步升华为店铺"粉丝"，并设立VIP会员，享受普通会员所无法享受的专项服务，这些就是一种人性化的"粉丝"服务。

微商模式：从传统生意思维向消费投资思维、社交新零售思维转变

新零售概念的提出使得整个电商领域热血沸腾，纷纷转向新领域，以希望在这个蓝海市场里分得一杯羹。毕竟这是一个全新的行业，里边蕴藏了很多机会，这块蛋糕足够大，谁也不想抛下这块大蛋糕。

如果站在消费者的角度来讲，新零售讲究的关键词是：多、快、好、省，而站在零售商的立场上来讲，其关键词就应当是：成本、效率和体验。

对微商而言，新零售是其发展的一个新机遇，同时也是一种挑战。在传统的微商渠道中，品牌方都要求代理商能够大量地进行囤货，这样一级一级地进行压货，势必增加代理商的时间成本和库存成本，也增加了其物流成本。进入新零售时代，这一切都将终结。产品直接由品牌方发货，代理线下同城的消费者直接由代理自己发货，并且可以由代理亲自给消费者送货，从而减少了物流成本，增加了消费者的体验度，同时代理也只要少量拿货即可。

可见，无论是品牌方直接发货，还是代理亲自发货、代理亲自送货，实际上都是传统微商生意思维向一种消费者投资思维的转变。在这种转变过程中，完全依附于微信的社交功能而实现。

以社交促零售，做口碑裂变

中小微企业相对零售业的大佬来讲，其实力本来就有一定的悬殊，如果再大量投入物力和财力的话，则可能会面临资金不足、品牌力度不够、影响力不强等问题，因此在新零售时代很难实现转型。但如果通过微商的模式实现向新零售的转型，则具有一定的可行性。

微商本质上就是借助微信平台从事商业活动，而微信又作为一种人们日常生活中的社交工具，能够为微商迈向新零售时代以社交促进零售，通过良好的口碑传播作用，实现消费者的快速裂变，达到提升销量的目的。

微店是微商的一种主要形式，开微店实际上操作很简单，只要在手机上下载、安装一个App软件，就可以在上边做生意了。开微店的最大优势就是利用微店可以一键将店铺商品信息在其他各个社交平台上进行分享，这样就无需再借助其他社交平台发布商品。在社交平台，如微信、QQ、微博等平台，发布的信息被分享以后，基于社交平台上庞大的用户数量，就可以达到很好的商品和品牌口碑传播的效果，并且这种传播方式是通过口口相传的方式实现的，在这样的一传十、十传百口碑效应下，使得越来越多的人更深层次了解了产品和品牌，进而产生购买愿望。基于这一点，零售商完全可以将自己的线下产品放在微店销售，然后通过线上引流客户到线下。

重庆有一家夫妻开的小百货店，经营的是日常小百货，资金有限，所以最初开店选址在一处人流量比较少的街区。虽然店铺不大，但货品丰富，深受当地消费者青睐，生意非常不错。但是随着电商平台的普及，消费者越来越青睐于电商模式，夫妻两人感觉生意越来越难做。考虑到成本问题，他们并没有向电商转型，而是将目光投向了微商，开起了一家微店，将自己店内的小百货一一发布产品信息上传到微店，并且一键分享到微信朋友圈、微博等平台，吸引了很多好友的分享和传播。于是这家夫妻开的线下小百货店起死回生，每天也有很多订单，销量逐日增多。为了进一步扩大销售规模，二人还发展了很多微店的代理商。一时间，这家小百货店的生意做得风生水起。

可见，对那些中小微零售商，可以选择微商作为平台，开设微店，打通线上线下，通过社交促零售，借助口碑效应，实现销量快速提升。

借助万能的朋友圈精耕产品用户

很多中小微型传统零售店虽然资金有限，但依然可以在新零售时代实现逆袭。借助万能的朋友圈精耕产品用户，是一种很好的途径。

微信最大的特色就是朋友圈功能，而朋友圈最大的优势就是可以"晒"。一般人往往喜欢在朋友圈"晒晒"自己的吃喝玩乐，对中小微型实体店来讲，发朋友圈也是"晒"的最好方式。通过"晒"自己店内产品的相关信息，可以让更多的人知道你是做什么的，让更多的人了解你的产品，吸引更多人的关注。但最重要的还是通过"晒"，对广大潜在消费者进行精耕细作，获取他们的信任，从而将这种信任变现，转化为一种购买行为。零售商同样可以借助微信朋友圈"晒"与产品有关的信息，吸引微信好友转发，达到商品信息快速扩散的目的，并将朋友圈的流量引入线下。

借助朋友圈"晒"也是有一定的章法可循的，而不是随心所欲。那么如何"晒"朋友圈，才能帮助零售商达到精细化营销的目的呢？

如图所示，大致可分四步：

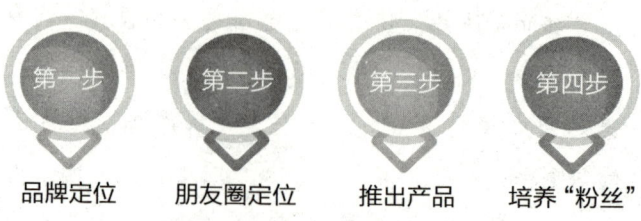

借助朋友圈实现精细化营销的步骤

第一步：品牌定位

在借助朋友圈精耕用户实现精细化营销的过程中，首先要做的就是明确品牌定位，这样做的目的是，通过品牌定位的方式统一潜在消费者的价值观。

品牌定位可以通过以下方式"晒"：

1）晒生活。

只有活生生的东西才能引起人们的关注，进而才会有产生信任感。切忌晒一些虚无缥缈、不着边际的东西。微信与微博不同的是，微信所联系的群体一般都是最信任的群体，因此在朋友圈晒与产品有关的生活就是要晒出自己和产品最真实的一面，这样也可以让消费者真正了解你、了解你的产品。

2）晒实力。

要想让消费者感觉到自己的产品多么受青睐、产品销量多么惊人，就要在朋友圈发图晒出自己品牌的实力。数据是最有发言权的，空谈自己的产品有多好，不如将产品销量截图并在朋友圈晒出来更有说服力，更容易让人信服。

通过在朋友圈晒生活、晒实力，可以让消费者知道你是做什么的，帮助逐渐建立个人品牌，进行品牌定位，这样当消费者有需求的时候，第一个想到的就是你。

第二步：朋友圈定位

进行朋友圈定位，需要结合产品特点来进行。具体来讲，要遵循以下几个原则：

1）以用户属性为导向。

从性别、年龄、地域、职业、消费习惯等方面分析用户属性，用户属性是导向。

例如，如果你的产品是女性产品，则朋友圈中的好友一定是女性所占比例大于男性；如果是老年人产品，则老年人所占比例要大于年轻人；一定要根据产品特点来定位朋友圈。

2）以自身优势为主。

在结合自身优势的基础上，打造有魅力的IP。根据能力、个性、态度、经历来打造自己的属性，不断提升自己在用户心中的形象，提高信任度。

3）内容的运营要形成一定的特色。

朋友圈就像是一张名片，如果能够定期在朋友圈晒出一定风格的内容来标榜自己的调性，久而久之这种调性就成了你的一大特色，能够吸引那些具有相同爱好的人分享你朋友圈的内容，并成为你的微信好友。

当然，发布的内容还应当注意以下几点：

①要有权威性和真实性，这样才能让人产生信任感。

②动态发布的内容要科学化、有技巧和有时间性，每天在固定的时间推送，有助于让人形成一种习惯，能够拴住用户。比如一个星期在固定的时间晒出四次自己的生活照。

通常有四个最佳的晒朋友圈的时间点：

■7：00—9：00。这个时间段是人们在上班路上的时间。很多人在公交、地铁上都会拿出手机关注朋友圈动态来打发无聊的时间，因此，这个时间段也是吸引他人眼球的最佳时间段。

■12：30—13：00。这个时间段是人们刚刚吃过午饭休息的时间，人们往往会拿出手机来玩儿，放松一下，以待下午精力旺盛地工作。这时候可以选择发一条产品信息广告来引导人们对产品的关注。

■17：00—19：00。在这个时段内，忙碌了一天的人们又开始搭上了回家的公交、地铁，此时是最让人感觉轻松的时刻，很多人会拿出手机来关注朋友圈动态，了解大家都在做什么。这时候要发一些与产品有关的有趣味性的图文。

■20：00—22：00。这个时候大多数人都收拾完毕家务，开始进入休闲时间，这时候要发一些与产品相关的知识、使用方法、顾客使用心得等，让其从多个角度来了解产品。

4）结合产品特性和自身优势定位的原则。

可以结合产品的特性和自身优势来树立自己的特定形象和角色，如自己是某方面的专家、达人、老师、顾问、受益者等，通过清晰的形象和角色来提升自己的人格魅力，让朋友圈用户认为你就是在产品相关知识方面最具有权威性、专业性的人，进而对你产生极大的信赖感。

第三步：推出产品

当朋友圈用户钟情于你所"晒"的内容，并且对这些更加能够与其内心的个性化产生碰撞的时候，他们已经让看你所"晒"的内容成为一种习惯，甚至已经成"瘾"。此时，就意味着你已经打造好了个人特有的品牌，这个时候要趁热打铁，是推出产品的最佳时机，更有助于受众真正接受产品。

第四步：培养"粉丝"

赢得受众并不能代表受众对产品能够产生强烈的喜爱之情，还需要在这个时候再"添一把火"，选好品牌切入受众的点，如品牌优势、品牌情感等不但要"晒"出产品品牌特有的竞争优势（如特殊功能优势、价格优势等），还要"晒"出一个感人至深的产品品牌故事，让消费者能够在情感上产生共鸣。这样做无疑为受众接受产品又上了一重"保险"。

经过以上四个步骤，你在朋友圈所精耕的受众已经对你的产品产生了强烈的好感，此时就是将你所精耕的受众引到线下的最佳时刻。

社区模式：社区新零售不只是交易，更是服务

哪里有风口，舆论媒体就在哪里，风险资本也就在哪里，而社区模式正处于新零售革命的大风口上。新零售已经不仅仅是卖东西那么简单的交易方式了，更多的是借助场景提供服务，而社区平台营销并非只进行产品交易，而是更多地融入了大众生活场景服务。

"养流量"成为社区新零售的必修课

传统零售下，零售商是对消费者有一定的选择性的，但在互联网时代，以消费者为中心，线上电商和线下实体零售商失去了主权地位。尤其在线下社区市场，熟客关系直接影响交易额；然而社区人群基本是固定的，更多的只能是消费者来选择商户，所以如何"养流量"是社区新零售的一门必修课。

开店容易养店难。进入社区开店，不是社区新零售的终点，而是起点，"养流量"成为最重要的一环。那么社区新零售究竟如何"养流量"呢？主要有10种方式（见下图）：

07 重构商业模式：传统零售在新零售时代实现凤凰涅槃的路径

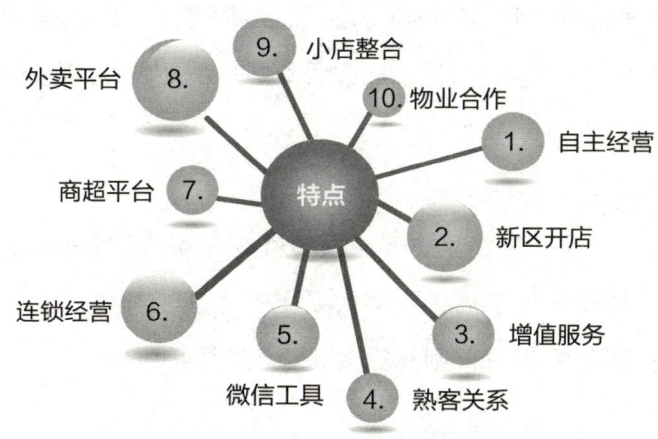

社区新零售"养流量"的10种方式

1. 一线店主：从"养店"到"养流量"的转变

传统社区小店的主要工作是养店，线下店面每天有人看守即可，但在社区新零售市场中，主要任务就是"养流量"。因为一切消费过程和消费行为都在线上数据化。"养店"已经向"养流量"转变，这对一线店主来讲，在经营能力上提出了更高的要求。

1）自主经营。

进入社区新零售时代，店主已经不能整日"守株待兔"，坐等消费者上门，更多的是需要将线上线下两方面结合起来，不断培养用户的活跃性，刺激消费。社区新零售将激发社群消费市场的竞争关系，如果经营方式过于单一、被动，毫无新意可言，很有可能会面临被淘汰的境地。

2）新区开店。

新小区开店，往往小区入住率少，消费群体还没有定型，所以在前期社区零售店铺会出现少赚或亏损现象。但即便如此，为了能够抢占点位，不能只顾眼前利益，而忽略长期的效益，只能慢慢积累消费群体规模。

3）增值服务。

不管是天猫小店、京东便利店，还是一些物业公司，都不约而同地看到了社区增值服务所蕴含的巨大市场潜力，都希望能够借助零售业来拓展更多的增值服务，如彩票、维修、快递、回收服务等，在此基础上达到"养流量"的目的。

4）熟客关系。

社区零售市场更应当注重熟客关系的搭建，社区新零售更需要注重熟客关系的培养。传统零售市场，熟客关系主要靠店主和客户之间的频繁交流而建立，而社区新零售时代则是需要借助互联网工具和高品质的服务来搭建的。

5）微信工具。

微商的出现刷新了人们对社交关系的认知，同时也借助该社交平台培养了一大批消费者的消费习惯。社群新零售同样可以借助微信强大的社交力量来沉淀更多的"粉丝"，并将这些"粉丝"转化为社区新零售店铺的消费者，带来利润可观的销量。

2. 平台连锁：大投入"养流量"换来高产出

对大型平台连锁社区零售店来讲，更需要投入大量的资金去打造"养流量"的工具，只有这样才能快速激发社区零售市场的价值，换来更高的产出。

1）连锁经营。

很多连锁便利店如今也呈现出社区化的发展态势。对那些正处于快速发展状态的区域，大部分消费者对价格仍然比较敏感，直接导致连锁便利店的销售业绩不佳，这时就需要花时间逐渐培养消费者对连锁便利店的消费认知，并逐步接受这种消费趋势。

2）商超平台。

近两年，不少商超对社区市场的重视程度与日俱增，这些商超一方面自建线上平台，另一方面与其他电商平台强强联手，共同加强与社区消费者的紧密关系，并以此逐渐培养自己庞大的流量基础。

3）外卖平台。

外卖的两大主要平台有美团外卖和饿了么，其实它们已经通过与线下最接近社区居民的餐饮店合作聚集了大量的流量，并为其带来了巨大的红利。

4）小店整合。

目前，很多电商大佬并不满足于当前的零售现状，而是进一步向线下扩张自己的疆土，以期快速抢占巨大的零售市场。所以，天猫推出了线下天猫小店，京东也不甘示弱，在线下推出了京东便利店。双方通过线下小店的搭建来整合中国当前600多万户社区及农村夫妻小店，以此方式来为自己扩大流量规模。

5）物业合作。

很多社区零售店已经不再单枪匹马地在零售市场掘金，而是选择与物业合作的方式来进一步拓宽自己的经营范围，以此扩大自己的消费者规模，达到"养流量"的目的。这样的竞合关系是社区新零售"养流量"的最佳契机。

总而言之，社区新零售时期，社区是一个慢工细活的市场，需要慢慢地"养流量"，才能厚积薄发，获得惊人的销量。

三大模式主导社区新零售

从上文中我们不难发现，社群新零售的项目种类非常多，有纯线上的，有纯线下的，更多的是线上线下相结合的。在早期，人们关注的多是具有线上能力的项目，而将线下零售的创新项目忽略掉，显然，社区零售的线上价值被高估，而线下价值却被低估了。在新零售时代，社区零售线上线下相结合，所产生的价值是传统零售所无法比拟的。

但无论价值是大是小，都是由商业模式所决定的。在新零售时代，社区零售店实现价值最大化有三种主导模式（见下图）：

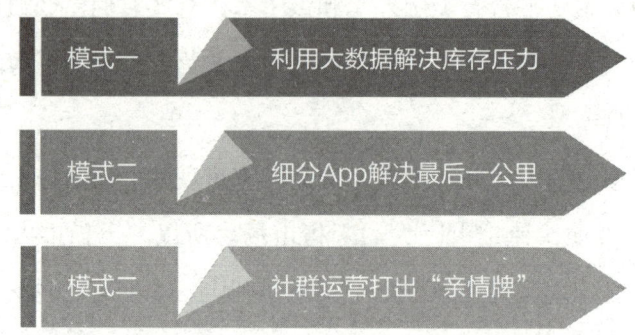

社区零售店实现价值最大化的三种主导模式

模式一：利用大数据解决库存压力

库存压力往往是社区零售店的苦恼之一，库存压力过大则货品积压现象严重，造成了库存成本的不断提升，尤其是生鲜产品保鲜期短，一旦出现库存积压，容易给社区零售店带来巨大的亏损，非常不利于社区零售店的发展。

解决这一问题的最好办法就是借助大数据来化解库存压力。具体来讲，根据后台搜集的消费者数据，对消费者做消费行为分析，基于这些数据和分析再去匹配商品需求量。社区零售商可以根据内部的一些算法来做精准的规划，及时补货。这样大数据可以帮助社区零售商做好两方面的工作：一是产品规划，二是如何做精准营销。既能满足消费者对产品供应的需求，又不至于产生库存积压的现象，一举两得。

模式二：细分App解决"最后一公里"

如今，人们更加喜欢足不出户就能享受到便捷、高效的服务，社区新零售则通过细分App解决"最后一公里"的问题，为消费者带来更加满意的上门服务，以满足"懒人们"的需求。

若比邻是保利旗下的子品牌，其在社区经营模式中有两种形式：Neighbour Mart、Mini Mart。若比邻其中一家Neighbour Mart的东风广场便利店，已经不再是传统的便利店，而是将其打造成了一个"社区商业中心"。该店中除了标配便利商超之外，还重点引入了餐饮、药房、咖啡、瑜伽等多种业态，体现了更加人性化的色彩，消费者可以在购物之余，不用远去其他地方就能获得就餐、健康、社交、休闲等方面的满足。而所有这些购物消费都可以通过若比邻App在线完成。

若比邻App的功能还不仅限于此，它还具备即时配送的功能。更为人注意的是，若比邻App还囊括了家政服务、送药上门、天气查询、比邻洗衣等服务，可以说打造了"最后一公里"的全方位社区服务空间。对那些没时间出门，或者懒于出门的消费者而言，可谓是一种"福音"。

模式三：社群运营打出"亲情牌"

在社区居民中建立社群，是新零售时代社区零售的一种新趋势。社区零售商可以通过社群将社区居民聚集到一起，每天在社群发布预售活动。有需要的消费者可以直接在预售活动页面下单，然后社区零售商再根据消费者的预订情况，去各个生产基地采购产品。这样既能获得庞大的流量，又能够保证为消费者带来更加新鲜的产品，尤其是新鲜的食材。另外，借助社群平台，消费者可以及时晒出问题产品，社群零售商则可以快速与消费者沟通，并帮助消费者解决产品问题。社区零售商打出这张社群运营的"亲情牌"，无疑又一次提升了消费者对社区零售商的依赖程度。

这三大模式可以为零售商带来更多的利润，打开更加广阔的市场。

XIN LING SHOU
GE MING

08
揭秘方法论：
新零售业"黑马"是如何炼成的

> 在近年来"关店潮"的大环境下，依然有大量零售业"黑马"在新零售时代做得风生水起。不仅如此，它们还将自己的"蛋糕"越做越大，成为零售行业中的领军企业。但它们的成功并不是靠幸运，而是有一定方法的。唯有借鉴成功零售商的经营之道，才能有效提升自身在新零售时代的生存能力，并在零售领域获得美好的发展前景。

新零售革命

优衣库：多维度创新玩转新零售

在业界大谈"新零售"，摸索"新零售"盈利模式的时候，优衣库也从传统零售思维中跳出来，全身心地投入新零售盈利模式的创新活动中，并通过实践的检验，创造出多维度玩转新零售的方法。

在每年"双11"来临之前，优衣库都会提前一天开始了"双11"购物狂欢活动。在"双11"期间，优衣库全国500多家门店都支持天猫下单，最快的24小时之内就能完成备货服务。也就是说，"双11"当天，凡是在天猫下单的消费者都可以在24小时内收到门店备货完成的短信，之后就可以到全国任何适用优衣库的线下门店取货，即便是跨省也能享受到该服务。优衣库的这种"所见即所得，就近取货"模式，受到了广大消费者的喜爱。这也是优衣库以新零售方式参与天猫"双11"的重要模式。

同时，优衣库适应新零售时代的创新模式并不仅限于此。

线下为消费者提供和创造体验

优衣库在增加开店数量的同时，更加注重门店品牌品质，在纽约、新加坡等地都有优衣库旗舰店的踪影，让消费者亲身感受到优衣库的高品质产品和优质的服务体验。

在上海南京西路的优衣库全球旗舰店,作为优衣库在全球第一家"Life Wear(服饰人生)"概念店,以店铺演绎品牌内涵,提倡"Wear穿出自己",并且分别陈列设计师合作款,包括与迪士尼跨界合作的"MAGIC FOR ALL"系列。消费者在这里可以发现独特的陈列和更具特色的商品,体验到更加优质的试穿服务,得到极为鲜明的服务体验,加深了对品牌的认知程度。

跨界创新,玩转新零售新体验

喜欢听音乐的人,更加懂得把节奏动感融入自己的生活当中。此时,音乐已经不再是一种单纯的艺术,而是生活中不可少的一部分。所以,优衣库就非常善于将音乐应用于产品销售的过程中,通过跨界创新,玩转新零售新体验。

通常,人们穿衣打扮是为了展示自己与众不同的风格,并展示自己的审美和对生活的感知。优衣库便抓住了大众的这一心理特点,打造"Life Wear(服饰人生)"品牌的内涵,通过舒适、百搭、时尚与个性的服装搭配,让服饰成为一种生活方式、生活态度,使得人们在不同的场合穿着不同的服饰,能够感受到各不相同的美好生活体验。

与此同时,优衣库还与中国最大的数字音乐平台腾讯QQ音乐达成合作,共同推出"衣·乐人生"电台,推出6大生活场景歌单(旅行、校园、商务、娱乐、宅家、运动),目的是让消费者能够将服装和音乐相结合,在不同场景中找到情感共鸣,用"服装+音乐"开启消费者美好的生活与心情。这种将数字和零售相结合的创新方式为新零售时代的消费者带来了更加极致的购物体验。

良品铺子：打通全渠道，构建数字化门店

移动互联网不断普及，已经在悄无声息地改变着人们的生活习惯，使得那些"懒惰"的人们更加迫切地需要一种全新的消费方式和生活方式来解决其"懒"的需求。

新零售时代，线上线下的相互融合，为这类"懒"人提供了更加美好的购物体验，使得生活品质不断提升，良品铺子就是新零售时代线上线下融合的"优秀典范"。

良品铺子作为一家致力于休闲食品研发、加工分装、零售服务的专业品牌连锁运营公司，自2006年成立以来，从来没有放弃线下实体店面的建设。从2012年开始，良品铺子就已经涉足电商领域，实现线上与线下的全面融合。如今，在中国的休闲零食品牌中，良品铺子已经凭借其巨大的实力享誉国内外。

良品铺子能够获得如此高的声望和卓越的成绩，就在于其能够看清市场经济发展的变化，顺应时代的潮流，融入互联网思维，走新零售道路（见下图）。

08 揭秘方法论：新零售业"黑马"是如何炼成的

良品铺子实体店

全渠道带来优质购物体验

新零售的本质就是线上线下的融合、效率的提升、产品覆盖面积的扩大。良品铺子作为一家国内外知名的零食零售企业，直接整合门店、电商、第三方平台和移动端以及社交电商这五大渠道，在全渠道营销的基础上适应了多个消费场景，为不同渠道的消费者带来了不同的消费体验。

目前，良品铺子打造的全渠道包括：线下2100多家实体零售门店；线上在天猫、京东等电商平台开设了旗舰店；第三方平台如饿了么、美团外卖、口碑外卖、百度外卖平台上设有商铺；良品铺子App购物平台；微信、QQ空间、百度贴吧等社交电商上也有良品铺子的身影，仅线上渠道就达到了37个（见下图）。

新零售革命

良品铺子在京东平台做活动的界面截图

此外，良品铺子在构建全渠道之后，还与SAP和IBM合作，获得巨额投资，以完善生态链各要素，包括客户信息、促销、产品、订单、物流等。这样全渠道的信息流、资金流、物流被全面打通，有效提升了营销效率，同时也为消费者带来了更加高效的极致购物体验。

构建数字化零售门店

早在2017年4月18日，在杭州举行的"无现金联盟成立暨联合倡议发布会"上，良品铺子与ofo小黄车、首都机场、华强北、家乐福等企业成功加入无现金联盟，良品铺子则以休闲零食零售企业的角色成为其中一员。

良品铺子加入无现金联盟，意味着良品铺子已走在迈向数字化、信息化新零售的道路上。

良品铺子通过无现金模式构建数字化门店，将传统门店的运营向数字化转变，让用户、流量、商品实现了数字化。同时，良品铺子与支付宝建立合作关系，培养了消费者移动支付的习惯，减少店内排队等候的时间，提升了购买效率。

08 揭秘方法论：新零售业"黑马"是如何炼成的

良品铺子的这一举措，对消费者而言，使购物过程变得更加简单、便捷、高效；对良品铺子来讲，通过数字化使其迈向了新零售时代。

打造外卖零食本地化新零售模式

2017年初，良品铺子与外卖平台饿了么牵手成功，并推出了1小时送年货到家的服务，这使得良品铺子正逢春节来临之际在外卖品台上分外火爆。良品铺子如此快的送货服务，为那些正在置办年货的人带来了很好的购物体验，给消费者的感觉就好像在打了一个电话之后，楼下超市立刻送货上门一般，既快速又贴心。

良品铺子与饿了么合作，无疑是一种外卖零食本地化新零售模式，这种模式颠覆了传统电商购物长时间等待的购物体验，通过最快的送达速度，实现实时送货到家，提高了消费者的购物体验感，其主要优势体现在以下三方面（见下图）：

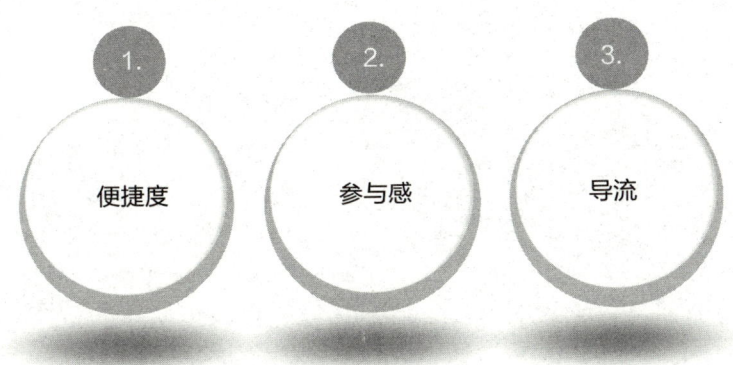

外卖零食本地化新零售模式的三个优势

1.便捷度

良品铺子的2100多家门店，通过与饿了么平台合作，打通了全渠道购买路径，同时也缩短了商品送达的时间。

2.参与感

饿了么美食、良品铺子零售两者相结合，为消费者提供了本地生活场景，用户在这种生活场景中自发地参与社交活动，产生购物行为。

3.引流

饿了么本身就拥有庞大的用户基础，良品铺子搭载饿了么，能够有效地将饿了么的用户引流到良品铺子，给良品铺子间接地带来了巨大的流量。

总之，良品铺子搭载饿了么外卖平台，实现了线上线下的紧密结合，不只是零售店和电商双方的互利共赢，而且还为消费者带来了以往从来没有过的消费体验，这正是新零售的价值所在。

天虹百货：走在线下零售店前列，创新零售模式

天虹商场股份有限公司成立于1984年，可谓是零售业中的"老大哥"。近年来，天虹百货迎着"关店潮"逆袭开店，在2016年、2017年，分别开店6家和3家，并且不断推陈出新，给消费者带来全新的零售体验，一步步向新零售方向转型。

全方位极致化体验

天虹百货根据对消费者数据的搜集和分析，发现消费者在购买商品时有一些共同特征，即不能在最短的时间内在货架上找到自己需要的商品，有时候往往为了找一件商品几乎跑遍了整个超市，这样非常影响消费者继续寻找商品的心情。基于这一点，天虹百货将整个超市进行区域细分，每个区域都设有醒目的标识，能够让消费者以最快的速度准确找到自己想要的商品。

除此以外，天虹百货还非常注重消费者的视觉体验，在不同的区域采用不同的灯光进行烘托，以体现出不同的氛围。

比如在春天的时候，就会摆放一些樱花和绿植等，以此衬托商品，给消费者带来一种非常精致和赏心悦目的感觉，有效缓解了琳琅满目的商品给消费者

带来的视觉疲劳。

在设施的使用方面,天虹百货使用欧富隆自重滑道,消费者不必因为货架前端的饮料售完而伸长胳膊去取货架上靠后的饮料,借助自重滑道,饮料利用自身重力的作用直接自动滑到货架的最前方,这样既为消费者取饮料提供了便利,又免去了店内理货员频繁理货的麻烦。这也是天虹超市给消费者带来极致体验的一个方面。

自助结账营造智慧购物

天虹百货在向新零售转型的过程中,运用零售新技术,如大数据、人工智能等,开发了"全渠道零售"体系,并且还将"自助结账"运用到消费者购物的过程中,消费者通过"虹领巾"App可以边逛边自助扫码结账。这样随时随地的无现金结账方式更加具有灵活性,消费者无须排队等候、无须携带钱包,就可以将烦琐的结账步骤进行简化并快速完成,这种智慧购物方式极大地节省了消费者的消费时间。

搭建线上线下无缝连接的O2O平台

天虹百货向新零售的转型是通过多维度实现的,搭建O2O平台也是其实现新零售的核心之一。天虹百货专门搭建了移动购物平台和本地生活消费服务应用平台"虹领巾"。借助"虹领巾"平台,真正实现了线上线下的无缝连接。

在距离天虹百货5公里范围之内的"虹领巾"用户,可以在该App平台上下单购买自己所需要的商品,并能够在2小时内获得送货上门服务。除此以外,用户还可以预约送货时间,天虹百货将在消费者指定的时间内将商品送到消费者手中。这样的服务方式既便捷又灵活,深受用户喜爱。

如今,"虹领巾"已经成为消费者海外购物的人气电商平台,在天虹百货旗下的珠海天虹百货内还设有专门的"虹领巾"跨境电商体验店区域,消费者可以在这里自由体验这种便利性(见下图)。

天虹跨境电商体验店

虽然天虹百货已经在新零售领域挖掘出不少全新运营模式,但它并没有将自己的注意力仅仅集中在以上几个方面,还在从更多方面为消费者打造极致的消费体验。同时,还融合O2O营造全渠道的"新零售",打开其在未来新零售时代的全新格局。

迪卡侬：实现以实体店为基础、技术驱动的新零售模式

迪卡侬是一家体育用品零售商，1976年起源于法国，2003年开始进入中国，目前已经在我国遍布46座城市，建立了178家商场。

在广大零售商纷纷寻求更加适合自己向新零售转型路径的时候，迪卡侬却另辟蹊径，从体验出发，将运动场、健身房和购物相结合，货架让位于运动爱好者，线上线下全渠道结合，开启了自助式定制化购物模式，让消费者在享受运动的过程中情不自禁地完成购物，真正实现人（消费者、店员）、货（运动商品）、场（体验区、运动场、健身房）的完美结合。

为消费者搭建运动化体验场景

在成熟的商业业态中，我们不难发现各种商业零售超市：商超零售超市沃尔玛、家用电器全品类零售超市苏宁、家具零售超市宜家、运动全品类超市迪卡侬等，这些都是零售行业里的细分品类超市。

这些细分品类超市各具特色，打造了不同的消费场景，而迪卡侬作为运动全品类超市，注重的是运动化消费场景的打造。这样，运动化场景与运动化产品相匹配，能让消费者在运动化场景中体验产品，使消费者对产品有更好的接触和体验，提升其消费意愿。

08 揭秘方法论：新零售业"黑马"是如何炼成的

迪卡侬是运动全品类超市品牌中打造运动化场景的典范。迪卡侬与耐克、阿迪达斯、李宁等一线运动品牌的最大区别就在于，迪卡侬产业覆盖全运动产品品类，包括羽毛球、篮球、航海、马术、野外探险、舞蹈、健身、高尔夫球、攀岩、轮滑、户外山地、射箭、冲浪等诸多运动品类。

迪卡侬运动品牌超市为这些运动品类专门打造了体验区，有滑轮、健身等器材。在超市中央还设置了试滑区，运动爱好者可以戴上头盔和安全护具在该体验区进行运动体验（见下图）。

迪卡侬实体店的体验区

此外，迪卡侬还专门设有运动场，篮球场、羽毛球场和小型足球场应有尽有，还设有现场专业教练进行运动指导，并且不定期举行运动项目比赛和各种活动。在这样的运动场景下，迪卡侬除了卖运动产品，还能通过运动的气氛，燃起消费者的运动热情、运动能量，与更多的爱好者一起运动、交友，让品牌连接用户，更好地建立品牌情感和美誉度，自然会激起消费者的购买热情。由此可见，迪卡侬构建的运动化消费场景是非常成功的。

深度布局电商渠道，打通线上线下壁垒

迪卡侬不仅在线下精耕用户，而且借助各种社会化资源，打通线上业务，让线上与线下实现无缝连接式运营。

早在2010年的时候，迪卡侬就已经凭借其敏锐的嗅觉，在天猫开了迪卡侬旗舰店。此后，每年旗舰店销量的增长都超过100%。

目前，迪卡侬的电商业务覆盖面积非常广泛，业务已经覆盖超过370个城市，这一数字已经远超线下门店数量。显然，电商的辐射广度和渗透速度远超过实体店。线上电商的搭建，对线下形成了有益的补充。

对迪卡侬而言，从线下走到线上是必行之举。在当前"懒人经济"的带动下，消费者更加愿意足不出户从线上购买产品，以节省时间成本。对线下零售店迪卡侬而言，线下的一次成功体验，可以为线上带来无数次的购买量。如果线上购买体验非常满意和愉悦的话，还会反过来为线下起到很好的引流作用。迪卡侬凭借良好的线下体验，迅速占领了庞大的运动产品市场。

当然，迪卡侬的主力市场还是在线下实体店中，布局电商平台，只是其向新零售转型，打通线上线下壁垒的一个重要途径。只有这样才能将线上线下紧密结合，为迪卡侬带来更多的流量，带来更加强大的市场竞争力。

巴蒂米澜：一键预约体验量身定制

巴蒂米澜是一家专注于男装定制的企业，该企业打造的是集自主面料研发、独立生产运营、个人高端定制、团体定制全方位发展的品牌。目前，巴蒂米澜已经完全实现了线上线下的无缝对接，订单及生产系统网络已经在全国服装市场中覆盖，成为新零售时代一颗璀璨的明珠，为消费者带来更新体验的同时，也为新零售时代的发展起到了很好的推动作用。

一键预约定制服务

传统零售模式下，消费者往往有购买的想法和需求，在线上逛遍淘宝、京东，在线下逛遍了批发市场，却还依然是两手空空，他们总是很难找到自己真正喜欢的服装，不是颜色不喜欢，就是款式没相中，要不就是细节做得不够好，总之，距离自己的最佳满意度总是欠了那么一点"火候"。新零售时代，应消费者需求横空出世的私人定制就成了大势所趋。

私人定制都是单量单裁、单件单做。对客户来讲，定做费用极高，而对服装厂商来讲，耗费人力物力巨大。

如今，人们越来越钟爱于服装的个性化定制。因为个性化服装定制是完全按照消费者需求来做的，这样做出来的衣服更加合体、更加舒适，能够给人们带来生活和工作中的自信和活力，消费者也更加享受这种服装定制方式带来的不一样的感觉。

巴蒂米澜就是在这种大批量个性化定制模式下的产物。巴蒂米澜有一个定制系统，叫作"滴滴定制"系统。该系统与滴滴接单模式一模一样，能够很好地满足客户的服装预约定制服务。

客户如果有服装定制需求，只要在线一键预约，就可以快速得到后台的联系，完成细节定制，如领型、门襟、绣花、扣子等设计，然后进行一键下单，量体师会及时接单。量体师会通过滴滴商家版接受订单邀约，为客户上门量体。

巴蒂米澜的量体师，其实都是由公司创办的巴蒂米澜商学院定期举办的培训活动中走出来的优秀学员。他们有的来自于学生、工人、汽修工，有的人甚至是企业家，他们参加培训的目的就是让更多的人体验到新零售时代定制化服务所带来的便捷。凡是从培训中心走出来的优秀量体师，他们对面料、款式设计、形象设计、职业心态、心理学、服装搭配、礼仪礼貌、销售技巧等多方面的专业技术都过硬，并人手一份由广东巴蒂米澜智能服饰股份有限公司核发的"小裁缝高级量体师资格证"。这个证书不但是他们上岗为客户服务的证明，更是他们技术和能力的证明。每一位量体师通过"滴滴定制"系统申请加入巴蒂米澜，通过身份证与真人核实，并且在量体专业考核过关之后，才能在系统上接单。所以，客户无须怀疑量体师的技术和能力问题，可以放心定制自己喜欢的服装。

一站式个性化定制满足客户多方位需求

当前，传统的粗放式生产模式是先生产后销售的商业模式，不但极大地浪费资源和库存成本，也不能满足消费者的个性化需求，所以这种生产模式在竞争激烈的市场中难以为继。

集约型精准生产模式，是一种按需生产、定制化生产模式，产品根据消费者的需求来定制，不但能够极大满足消费者的个性化精准需求，还能将产品悉

08 揭秘方法论：新零售业"黑马"是如何炼成的

数卖光，有效减少了资源浪费，而且还降低了库存成本，给企业带来的经济效益也是巨大的。尤其在服装领域，这种集约型生产模式的重要性更是不可忽视。

巴蒂米澜就能够为消费者提供量身定制的服装，能够进行集约模式生产。从量体到确认面料、确认款式细节，再到试穿样衣，再到确认收货，整个服装定制服务环节都能让顾客真正体会到服装定制这件极具仪式感的事情给自己带来的愉悦感和成就感。

在每个定制环节之初，量体师都会与客户进行充分沟通，如穿衣习惯、松紧程度喜好等。当然，不同款式的服装对版型的宽松程度也不尽相同。

巴蒂米澜的这种量体服务得益于强大的大数据时代，在收集了27个不同身材的数据之后，直接传输到4.0智能化工厂，即可以开始精准生产一人一版的定制服装。在专业的量体师+高精度机械裁剪下，定制服装的精确率高达99.97%。基于这一点，巴蒂米澜在同行业中脱颖而出，享有良好的声誉（见下图）。

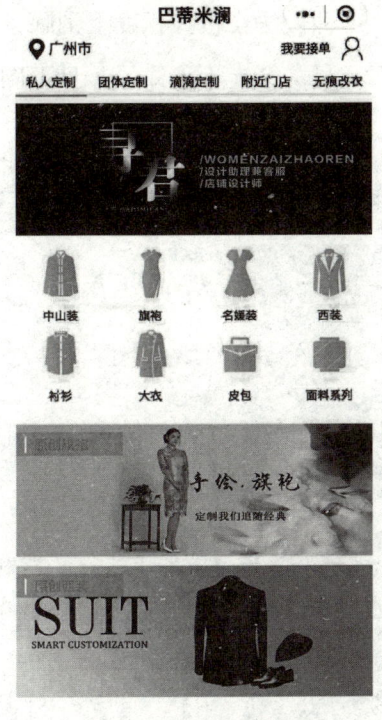

巴蒂米澜定制界面

那么巴蒂米澜的个性化定制究竟是怎么样的呢？主要有以下几个方面：

1.细节定制

巴蒂米澜的细节定制是站在客户角度，通过线上"滴滴定制"系统，为客户选择喜欢的款式，在原有的款式基础上，将产品细节，包括面料、辅料、刺绣、扣子、口袋等全部进行拆分，进行模块化选择，让每一位客户都能从细节入手，亲自打造属于自己的完美款式。

"滴滴系统"会根据单一衬衫的12种领型、7种袖口、10种绣花、20多种扣子的选择，以及门襟、口袋、下摆等，把它们组合在一起，产生上万种款式。

当所有的细节定制完成后，巴蒂米澜就会以图片的形式给客户提供更加直观的展示服务。这种服务让客户对自己定制的即将出炉的衣服能够更加直观地进行观察，如果发现不合适或者不满意的地方，巴蒂米澜会对服装细节进行修改，直到客户满意为止。这种做法在很大程度上消除了客户的后顾之忧，再也不用担心买回来的衣服不合身、穿上不得体了（见下图）。

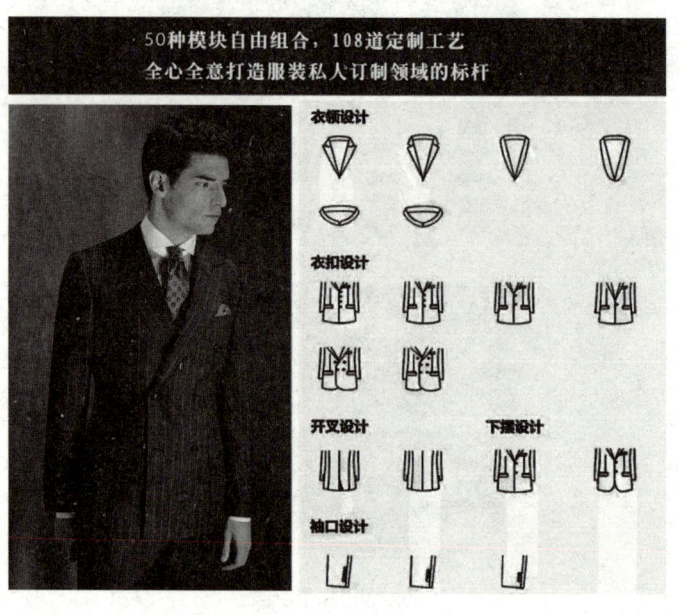

2.工艺定制

款式只是服装定制的第一步。作为定制，传统的定制工艺是不可或缺的，这是保证一件产品成功实现定制的核心技术。工艺定制同样是在线上完成的。

以一件西装定制为例，足足经过108道制作工艺，如西装的全麻衬工艺、半麻衬工艺、牛角扣工艺等，这些都是西装定制中不可或缺的工艺。而这108道工艺，客户可以根据自己的喜好随意选择。

3.量身定制

当细节定制和工艺定制选择完成、面料确定无误之后，专业量体师会专门上门为客户进行量体。从肩宽、胸围、腰围、臀围等部位进行测量，保证服装的贴合度能高于99%，从而让客户的服装穿上去更合体、更舒适。

在量身完成之后，量体师会将对客户的量体数据保存到后台数据库中，客户确认款式以及量身数据无误后，点击一键确认。后台就会接收到订单信息，进而紧锣密鼓地安排生产。当然，客户的量身数据保存在后台数据库之后，当客户有二次定做时，在客户体重和身型没有变化的情况下，可以直接从后台数据库中提取相关数据。这样对客户的服装定制来讲，既方便又快捷。

菜鸟网：探索新零售，打开物流新局面

当前，新零售的战局已经全面展开，在各大零售巨头快马加鞭布局之际，菜鸟网作为物流中的"领军者"，也开始深入探索新零售，从而打开新零售时代的物流新局面。

菜鸟网如今已经覆盖了全球224个国家，并且实现了电子订单的在线化、快递当日达和次日达。目前，菜鸟网络为了和新零售接轨，推出五大业务板块：

（1）打造端对端一体化体验的快递网络。

（2）实现全局供应链的优化仓配网络。

（3）实现全球买、全球卖的跨境网络。

（4）实现消费者体验的末端网络。

（5）方便农村的巨大海量消费的农村网络。

目前，菜鸟网已经达到了全球通关一体化平台的水平。

发布物流无人车，探索智能配送新玩法

菜鸟网为了与新零售时代更好地融合，开始在智能零售设施方面钻研，并打造出了新零售物流无人车。该物流无人车上借助人脸识别技术，搭载了刷脸取件柜和零售货架等。用户可以通过车前扫码或者刷脸的方式打开零售

柜口。

除此以外，菜鸟网还发布的物流无人车还更具智慧，不但可以穿梭自如，还能在拥挤的人群中可以智能避让。

菜鸟网打造的这种带有多种智能零售设施的无人车，是经过无数次迭代而成的，目前技术成熟且稳定，为量产商用创造了良好的技术条件。无人车出现是顺应新零售大潮，是在物流配送领域的新玩法。

打造智能仓储，像人一样思考决策

菜鸟网之所以能有如此宽广的业务范围，是与其业务实力分不开的。用户在网购之后，菜鸟网络整合资源、线路以及商品背后的物流属性，并计算出商品服务的物流表达，从而透射到电商的网站上。消费者可以更加直观地感触到整个物流链路，观看到整个包裹从出库到运输每个节点上的物流信息。

具体流程是：消费者下单后，商品订单会进入菜鸟物流大脑。首先是决策层，对商品的体积、重量、与消费者之间的距离等进行判断，然后决定商品运输的具体路径和线路。之后在对商品的旅行成本进行决策，包括时效性、成本等进行综合决策，从而选择最终的调度。另外，菜鸟网推出了电子面单，面单的左侧连接着物流合作伙伴，右侧连接着商家ERP（企业资源计划）系统，能够帮助商家将商品推动到离消费者最近的仓库。而这一切都是通过智能化实现的，智能化赋能仓储，使得菜鸟网能够像人一样思考决策。

智能物流运输，让物流柔性自动化

菜鸟网在物流运输的过程中，同样融入了自动化、智能化，为其自身的发展实现了物流柔性自动化，更为物流行业法发展开辟了新蓝海。

那么什么是柔性自动化？柔性自动化的特点是：

- 拓展性强。
- 模块化设计，易部署和搬迁。
- 便于根据业务的变化而改变作业流程。
- 多智能体之间的感知和协同。
- 全链路大部分自动化的情况下，可以对作业进行预测。

那么材料是如何实现智能物流运输的呢？

1.机械臂

菜鸟网络在运输过程中，打造的机械臂主要是采取3D视觉技术，并利用鲁棒算法将包裹分开，对包裹进行图像分割，找到最佳抓取点，从而完成对包裹的码垛、拆垛、拣选等任务。

2.拣选AGV（自动引导运输车）

菜鸟网络打造的AGV，主要运用场景是拆零订单的拣选。它主要有两种形式：

（1）货到人模式。

货到人拣选AGV，主要是解决资源分配优化的问题，并且最小化在拣选站的等待时间。

（2）车到人模式。

车到人拣选AGV，主要是为了提升人的效率，实现人的效率最大化，订单完成时间的最短化，以及AGV效率的最高化。

菜鸟网络作为新零售时代的物流大咖，在探索和实现智能配送、智能仓储、智能运输方面，实现了深度和广度两大维度的创新，将其业务能力提升了一个高度，这也是物流行业在新零售时代的一种发展趋势。